ROSMARIE KLAKA - LAMPERT

Petrova

ROSMARIE KLAKA - LAMPERT

PETROVA

EIN KALEIDOSKOP VON LEBEN

Diese Buch widme ich

Petrov

der sicher in der Zeit
seiner Bearbeitung und seiner Heilung
die Welt oft nicht mehr verstanden hat.

Ambaji Verlag Basel, Schweiz

Zeichnungen von Andy Schmid

ISBN 3-905050-08-0

Erster Teil

Die MITTE

Der Anfang mit den vielen unbedeutenden und doch so wichtigen Kleinigkeiten

Der Schrei hallte in mir nach. Er war tröstlich. Ich konnte mich irgendwie an ihm festhalten, denn die Stille, die mich umgab, war unheimlich. Eigentlich war es viel mehr als Stille, es war Leere, einfach ein Nichts.

Langsam regten sich in meinem Kopf die Gedanken wieder. Wo waren die gewohnten Geräusche? Das Gemurmel der Kunden aus dem Laden, das Klingeln der Kasse und der Ladenglocke, das Klappklapp der Schuhe auf dem Steinboden? Wo waren denn all die gewohnten Geräusche?

Sachte öffnete ich die Augen. Ein irritierendes Bild bot sich mir. Rings um mich lagen Bücher und Scherben. Das Denken macht mir Mühe. Wo bin ich? Was ist passiert?

Energisch meldet sich mein Körper zu Wort. Er will zuerst beachtet werden, bevor ich mich um die Antwort nach dem Wo und Wie bemühe. Jetzt erst wurde mir meine komische Lage bewusst. Kopfabwärts lag ich auf der Treppe. Meine Hände stützten sich in einen Scherbenhaufen. Das eine Bein war unter einer Kiste eingeklemmt, in der sich noch ein ganzer Stapel Bücher befand. Der Rest der Bücher lag wild verstreut um mich herum. Vorsichtig versuchte ich, mich aufzurichten und mich aus meiner misslichen Lage zu befreien. Irgendwie schaffte ich es, bis an das untere Ende der Treppe zu kommen.

Da sitze ich nun und versuche, einen Glassplitter aus meiner Hand zu ziehen. Er muss sehr tief sitzen, ich bekomme ihn nicht heraus. Ich muss mir wohl den Kopf recht stark gestossen haben, denn meine Wahrnehmungen sind mit logischem Verstand nicht mehr einzuordnen. Ein starker Alkoholgeruch, ein Bier - Wein - Rauch - Beizengeruch umgibt mich. Auch ist wieder diese beklemmende, dumpfe Stille da. Ich taste meinen Kopf ab, kann jedoch weder eine Schramme noch eine Beule oder sonst eine schmerzende Stelle finden. Das heisst also, dass ich mir meinen Kopf nirgends angeschlagen habe und mein geistiger Zustand eigentlich in Ordnung sein sollte.

Tröstlich, jetzt ist der Beizenmief nicht mehr da. Der Glassplitter in meiner Hand lässt sich auch problemlos herausziehen. Und jetzt? Ich versuche zu rekonstruieren, was eigentlich passiert ist.

Mein letzter Gedanke vor dem Sturz schleicht sich an die Oberfläche. Alles ging so schnell, dass ich ihn gar nicht zu Ende denken konnte. Oben an der Treppe stand eine Kiste mit Büchern, die wir am Abend vorher dem Lieferanten mitzugeben vergessen hatten. Ich trug einige Kartons mit leeren Glastöpfchen und weil ich zu faul war um zweimal Treppen zu steigen, habe ich die Kartons so hoch aufgetürmt, dass ich nichts mehr sehen konnte. Das war noch klar in meiner Erinnerung. Und dann?

Ich muss mit dem Fuss an die Bücherkiste gestossen sein. Klar verstand ich nun auch meinen letzten gar nicht zu Ende gedachten Gedanken: *Wer hat die Kiste so ungeschickt hingestellt!? Wenn jemand an die Kiste kommt, muss die ja kippen!* Ohne es bewusst zu bemerken, habe ich mit meinem Fuss die Kiste berührt! *Die Kiste rutscht!* Leider kam mir der Rest dieses sinnvollen Gedankens erst jetzt wieder ins Bewusstsein, erst jetzt, da es schon zu spät ist. Ich checke meinen Körper weiter ab. Die Hände sehen gar nicht so schlimm aus. Einige kleine Schnittchen, sonst nichts. Sogar da, wo der grosse Glassplitter gesteckt hatte, ist nur ein kleiner Schnitt übrig geblieben! Arme, Hals, Rücken, Gott sei dank, alles in Ordnung. Am rechten Knie sickert langsam dickes Blut aus einer langen, tiefen Schnittwunde. Fasziniert schaue ich darauf. Ich begreife nicht ganz, normalerweise fliesst Blut doch viel schneller. Das sieht aus wie eine Zeitlupenaufnahme! Und die ganze Haut, das Blut, alles sieht so aus, als wenn es sich auflösen würde. Fast so, als ob ich die einzelnen Atome sehen würde.

Nein, nicht schon wieder! Diese unheimliche Stille... und diesmal begleitet von Waldduft und Kälte. Ich glaube doch bald, irgend etwas stimmt nicht mehr so ganz mit mir.

Ich habe schon dazugelernt, sobald ich denke, ist die Stille und die sie begleitenden Phänomene weg. Ich beschliesse, die Ergründung dieses Phänomens auf später zu verschieben. Jetzt muss ich erst die entstandenen „Sach-"Schäden aufnehmen. Also am rechten Knie ein tiefer Schnitt mit Waldduft. Und weiter? Linkes Knie ist in Ordnung, jedoch weiter unten tut es schrecklich weh, und ich habe das Gefühl, dass viel Blut fliesst.

Langsam wird mir übel. Mein Magen meldet, dass es von Vorteil wäre, wenn ich mich um irgendeinen Behälter kümmern würde.

Mein Kopf ist schnell mit einer Antwort da:
„Offener Unterschenkelbruch, sofort zum Notfalldienst."

Ich kann meinen Unterschenkel kaum berühren. Aber da ist ja gar kein Blut! Dieser Gedanke stoppt das Gefühl des Fliessens. Den Fuss kann ich nur mit viel Mühe und Schmerzen bewegen. Jetzt reicht es mir bald. Kaum konzentriere ich mich auf mein Bein, fliesst das unsichtbare Blut wieder, schaue ich auf mein Bein, ist nichts da.

Erst jetzt wird mir bewusst, dass mir niemand zu Hilfe gekommen ist. Sie hätten doch im Laden meinen Schrei hören müssen. Mein Zeitgefühl ist mir auch irgendwie abhanden gekommen. Mir scheint, dass ich schon Stunden hier unten sitze. Sie müssen mich doch oben im Geschäft vermissen. Ich rufe. Niemand hört mich.

Noch einmal versuche ich zu rufen. Ich hole Atem und... — Wieder rutsche ich in diesen angstmachenden Zustand dieser Leere, dieser Stille.

Und was ist mit meinem Hilferuf? Das kann gar nicht der meine gewesen sein. — Ein tiefer Schmerzensschrei gemischt mit harten, fast unverständlichen Flüchen. Ich verstehe mich nicht. Fluchen ist nicht in meinem Wortschatz verankert. Vielleicht einmal, wenn ich wirklich erbost bin, meldet sich ein „Gopffridli" oder ein „Sternefeufi", aber sicher nicht, wenn es mir nicht gut geht. Und diese Härte der Flüche... Hilfe, das bin nicht ich!

Schon ist ES wieder verschwunden. Ich verstehe nicht.... Langsam wird mir mein Zustand unheimlich; ich spüre Blut fliessen und sehe kein Blut, ich schreie und schreie doch nicht, ich rieche Dinge, die ich hier im Untergeschoss meines Ladens gar nicht riechen kann und doch sind diese Gerüche da. Ich sehe die Verletzung an meinem Knie, jedoch in einem ganz anderen Zeitverhältnis und in einzelne Atome aufgelöst. Was ist normal? Ich bin fest davon überzeugt, dass ich noch normal bin; und doch ist alles so ganz anders.

Mühsam schleppe ich mich die Treppe hoch, Tritt für Tritt. Ich versuche nicht wieder in den Haufen mit Scherben und Bücher zu geraten. Endlich geschafft! Und nun bekomme ich auch die notwendige Hilfe. Jemand fährt mich zur Notfallstation.

Kurzbesuch in der Notfallstation

Meine unverständlichen Wahrnehmungen bewogen mich, dem Notfallarzt meine Situation sehr sachte und schonend klarzumachen. Ich versuchte, ihm zu sagen, dass ich das Gefühl habe, mein Unterschenkel sei gebrochen und blute sehr stark, aber man sieht das Blut nicht. Leider verstand er mich nicht. Ich glaube, er dachte, dass ich mir mit ihm einen Scherz erlaubte. Unbedingt wollte er meinen Schnitt am rechten Knie behandeln und nähen. Das jedoch wollte ich wieder nicht. Schlussendlich entfernte er sich wutschnaubend von meinem Bett.

Nach langem Bitten und Betteln wird mir endlich mein linkes Bein geröntgt. Dieses Röntgenbild ist jedoch nie bei dem Arzt, den ich zur Nachkontrolle aufsuchte, angekommen. Er zeigt mir ein Bild von einem Bein, das ganz gesund aussah. Vermutlich wurden die Bilder im Labor verwechselt oder man wollte mich für mein unkooperatives Verhalten „bestrafen“. Die ganze Notfallstationsgeschichte macht mir klar, dass Ärzte sehr viel Probleme mit mir haben, da ich eine ganz andere Sprache spreche als sie. Dieser Kurzbesuch im

Spital und bei meinem Arzt ist für die Geschichte auch unwichtig, daher können wir sie getrost vergessen. Das einzige, was ich daraus gelernt habe ist, dass ich bei solchen unbegreiflichen Phänomenen von der Schulmedizin keine Hilfe bekommen kann.

(Vielleicht war es doch mein Bein auf dem Röntgenbild?) Anmerkung nach Beenden dieses Buches.

Heilung des Knieschnittes

Da sitz ich nun und bemühe mich, den Schnitt an meinem Knie wieder zu flicken. Der Arzt hat mir eine schlecht heilende, vielleicht sogar eiternde Wunde prophezeit, mit ganz fürchterlicher Narbenbildung. Solche Prophezeiungen lösen in mir Trotzreaktionen aus. Mein Schnitt muss wunderschön und ohne Komplikationen zuheilen.

Schade, ich habe mir den Namen des Arztes nicht gemerkt, sonst könnte ich ihm die stündlichen Fortschritte der Heilung zeigen. Vielleicht wäre er jedoch noch wütender geworden, denn es kann ja bekanntlich nicht sein, was nicht sein darf. Und ich möchte ihn für seinen Unglauben auch nicht blossstellen oder beschämen. Auch habe ich es nicht nötig, mich zu beweisen, zu profilieren oder jemanden von sogenannt Unmöglichem zu überzeugen. Die Heilung des Schnittes war ausschliesslich für mich von Nutzen. (Natürlich auch für die Krankenkasse, denn die Kosten des Unfalls fielen sehr bescheiden aus.)

Möchtest Du auch lernen, wie Du Wunden heilen kannst? Es ist sehr einfach. Es braucht nur ein bisschen Übung und ganz viel Selbstvertrauen.

Das In-die-Herzmitte-Gehen

In den nachfolgenden Übungen wird immer wieder von dem „In-die-Herzmitte-Gehen" gesprochen. Ich habe diese Übung im Buch „Klang der Wahrheit" sehr ausführlich beschrieben. Hier noch einmal zur Erinnerung oder zum Neulernen eine Kurzfassung.

In-die-Herzmitte-Gehen

Bequeme Meditationshaltung (siehe Seite 31)

Beim Einatmen gehst du mit deinem Bewusstsein in deine Herzmitte. Fast so, wie wenn dein ganzes Bewusstsein mit deiner Atemluft nach unten in die Herzmitte fliesst. Beim Ausatmen setzt du dich in der Herzmitte nieder. Stell dir vor, du bist eine lange Strecke gerannt, du hast eine gemütliche Bank vor dir und lässt dich nun mit einem tiefen Ausatmen auf die Bank niedersinken. So richtig: So, da bin ich!

Das ist schon alles. Je öfters du übst, desto wirkungsvoller ist dieser Zustand.

Anleitung zur Wundheilung

Vorbereitung

Setze Dich bequem hin, so dass Du den zu behandelnden Körperteil mit deinen Händen gut und ohne Verkrampfung erreichen kannst.

Schliesse deine Augen. Richte ein Gebet oder eine Bitte um Heilung an deine göttliche Adresse.

Nun atmest du langsam und sehr bewusst in deine Herzmitte. Dein ganzes Sein befindet sich nun im Herzzentrum.

Öffne die Augen. Mit einer ruhigen Bewegung bringst du deine Hände zu der zu behandelnden Körperstelle.

Schnittwunden

Daumen, Zeigefinger und Mittelfinger berühren sich ganz sanft. Fingerspitze an Fingerspitze. Stell dir vor, dass aus dieser Dreifingerspitze ein Licht-, ein Laser- oder ein Heilstrahl kommt.

Im Abstand von etwa ein bis fünf Zentimetern fährst du nun an die spitzen Kanten (Enden) der Schnittwunde heran. (Kein Hautkontakt!) Die eine Hand links und die andere Hand rechts der Wunde.

Versuche zu fühlen, wann der Lichtstrahl die Wunde erreicht hat. Halte die Hände einen Moment ganz ruhig. Und nun führst du deine Hände Millimeter um Millimeter gegen die Mitte der Wunde zu, fast wie ein Zustossen.

Versuche nicht zu denken, sondern nur zu fühlen. Du solltest auf jeden Fall die Gedanken: *"um Heilung";* oder: *„jetzt schliesse ich die Wunde"; „Jetzt schliesst sich die Wunde";* etc. ganz weglassen. Sie verhindern, vermindern oder verunmöglichen eine Heilung.

Bleibe in diesem Tun, solange du dich wohl fühlst und du dich auf deinen Lichtstrahl konzentrieren kannst. Einige Sekunden sind wirkungsvoller als einige Minuten. Nicht die Dauer des Tuns, sondern die Kraft der Konzentration ist massgebend.

Nach einer halben bis einer Stunde kannst du das Ganze wiederholen.

Es ist durchaus möglich, wenn dein Lichtstrahl die Wundränder trifft, dass du Schmerzen verspürst. Dies zeigt dir einen beschleunigten Heilungsprozess an. Sei tapfer, es lohnt sich. Starke, schmerzlindernde Medikamente verzögern den Heilungsprozess.

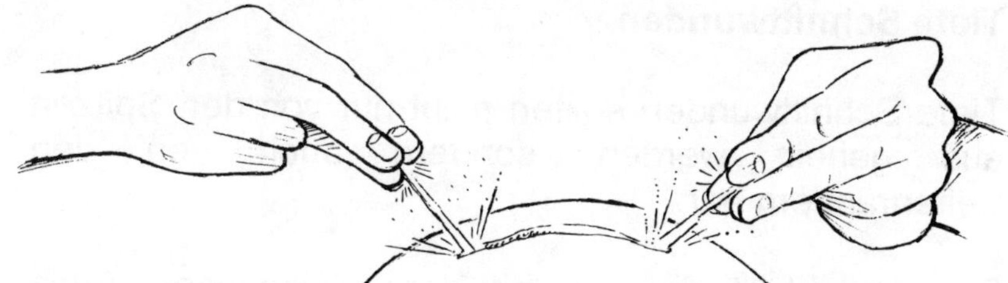

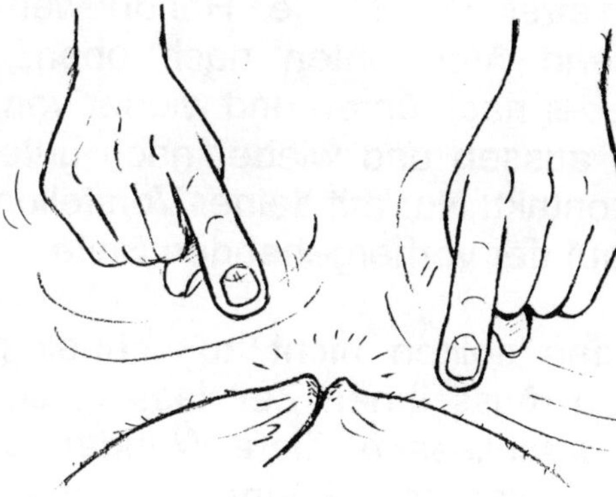

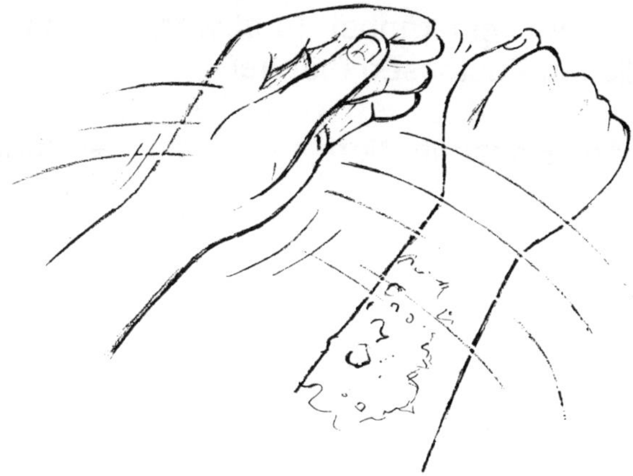

Tiefe Schnittwunden

Tiefe Schnittwunden sollten nicht nur von den Spitzen aus geheilt werden, sondern auch von den Seitenrändern her.

Dazu arbeitest du nur mit dem Zeigefinger. Auch wieder im Abstand von 1 bis 5 cm, ohne Hautkontakt.

Stell dir vor, wie du die tiefste Stelle der Wunde leicht zusammen streichst. Deine Handbewegungen sind leicht kreisend. Von unten nach oben, dann nach aussen, wieder nach unten und wieder von unten nach oben, nach aussen und wieder nach unten. Achtung, ohne Hautkontakt! Nur mit deiner Vorstellung.
Siehe Bild auf der vorhergehenden Seite.

Tiefe Wunden sollten nicht zu schnell geschlossen werden. Man muss ihnen Zeit lassen, sich von ganz unten her zu schliessen. Tiefe Wunden, die nur oben geschlossen werden, können später zu eitern anfangen.

Dieses Zustreicheln kannst du abwechslungsweise mit dem seitlichen Zustossen machen.

Sobald die Konzentration nachlässt — mach mal Pause.

Brandwunden

Bereite dich vor, wie für Schnittwunden zu heilen.

Rechtshänder arbeiten mit der rechten, Linkshänder arbeiten mit der linken Hand.

Die Hand ist ganz entspannt und locker. Du streichst in einem Abstand von 1 bis 5 cm (kein Hautkontakt) mit der Aussenseite der Hand, das heisst mit der Handkante, über die Wunde.

Stell dir vor, dass du etwas wegwischen, wegnehmen möchtest. Ob du die Bewegung gegen dich oder von dir weg machst, spielt keine Rolle. Wichtig ist, dass du vollkommen entspannt, konzentriert und ruhig bist.

Auch da, nicht zu lange arbeiten. Lass dir Zeit. Konzentrieren können wir uns so oder so nur einige Sekunden. Und ohne Konzentration läuft gar nichts.

Juckende Insektenstiche

Vorbereitung wie oben.

Entsorgen und wegnehmen der Stiche wie Brandwunden. Du stellst dir einfach vor, wie du den Stich mit deiner Hand wegwischst.

Vergiss nie:

Auch du bist nicht gerne ein Versuchskarnickel eines wild gewordenen Heilerlehrlings. Also mute das auch keinem anderen Menschen zu. Erst wenn du dich selber mit Erfolg von Papierschnittchen, juckenden Insektenstichen und dergleichen befreien kannst, hast du das Recht, jemandem, der dich um Hilfe bittet, mit deinen Fähigkeiten zu helfen.

Sich beweisen wollen — gut sein wollen —
zeigen, wie gut man ist,
haben einen sehr negativen Einfluss auf die Heilung.

Merke dir:

KEINE ZWANGSBEGLÜCKUNG!!

Die grosse Suche nach dem Unbekannten

Noch einmal denke ich über den Unfall nach. Was wollte er mir sagen?

Dass etwas Vergessenes mich von hinten einholt und mich zu Fall bringt.

Noch besser wäre:

Weil ich nichts sehe, oder nichts sehen will, löse ich eine Kettenreaktion aus, die Vergessenes ins Rutschen bringt, mich zu Fall bringt und mir Schmerzen und Verletzungen zufügt.

Ich schreibe mir diese Erkenntnis auf, denn jetzt geht es ans Suchen.

Eigentlich müsste ich ja noch viel mehr dazu schreiben. Denn das Ganze hat mir ja nicht nur Verletzung und Schmerzen gebracht. Ich hatte ja auch die Erfahrung dieser unheimlichen Stille und der absonderlichen Gerüche. Woher die nur kamen?

Mein Knie ist geheilt, die Schnitte an den Händen sind schon lange nicht mehr sichtbar, nur mein Unterschenkel macht mir noch immer Schwierigkeiten. Nacht für Nacht wache ich auf und fühle Blut fliessen. Und dieses Blutfliessen ist immer begleitet von diesem Gefühl der Stille und der Leere. Für mich gibt es nichts, das mir nicht irgend etwas sagen oder zeigen möchte. Deshalb muss auch dieses nächtliche Phantom-Fliessen ein Fingerzeig, ein Wink des Schicksals oder sonst irgend so ein „himmlisches“ Zeichen sein.

Also, noch einmal von vorne. Was ist passiert: Dieses Mal versuche ich es noch viel detaillierter aufzuschreiben:

Ich nehme zuviel auf mich, so dass ich nichts mehr sehen kann.

Ich bin unaufmerksam, so dass ich an etwas stosse. Dieses Etwas liegt nicht einmal im Wege.

Das, was hier liegt, wurde am Abend vorher vergessen, dem Lieferanten mitzugeben.

Das Vergessene waren bestellte Bücher von mir, das heisst, irgend etwas muss es mit meinem intuitiven Wissen zu tun haben.

Dies könnte ja direkt ein Wegweiser in diesem Dschungel sein! Also weiter:

Dieses kleine Anstossen bewirkt eine Kettenreaktion. Etwas Vergessenes kommt in Bewegung und holt mich ein.

Dieses Vergessene, sobald es mich trifft, bringt es mich zu Fall. Nicht nur zu Fall, sondern zu einem Unfall mit Folgen.

Unfall mit Folgen? Ich bin mir nicht so sicher, wenn man auf dem Röntgenbild nichts erkennen kann... Und wenn es das falsche Bild gewesen wäre? Was soll ich mir darüber lange den Kopf zerbrechen. Wenn es wirklich nicht mein Bein auf diesem Röntgenbild war, so **musste** diese Verwechslung passieren, um mir den richtigen Weg zu zeigen.

Medizinisch keine sichtbaren Unfallfolgen! Und doch konstante Schmerzen, immer wieder das Gefühl des Blutfliessens, und langsam beginnt sich der betroffene Teil des Beines auch schwarz zu färben. Medizinisch ist nichts feststellbar!

Punkt für Punkt schreibe ich mir auf. Mit solchen Erlebnissen ist es immer dasselbe, mit der Zeit verblassen all die vielen kleinen Details und nur noch das Ereignis als Ganzes bleibt in unserer Erinnerung zurück. Ein Puzzlespiel mit nur unvollständigen Puzzlesteinen lässt sich nicht mehr zusammensetzen. So ist es auch mit dem Auswerten von Erlebnissen, von Krankheit und Unfall, je genauer wir uns ganz am Anfang Notizen machen, desto einfacher wird das Auswerten. Selbst die unbedeutendsten Kleinigkeiten können wichtig sein.

Nicht nur Verletzung, Schmerzen und „äusserliche“ Begebenheiten sind wichtig, auch Gefühle, Empfindungen und Gedanken sollten auf unserem Erlebnisprotokoll festgehalten werden. Das heisst, auch die Erfahrung mit dieser unheimlichen Stille und den absonderlichen Gerüchen muss in unserem Erlebnisbericht festgehalten werden. Den vorhandenen, aber nicht von mir ausgestossene Schrei schreibe ich mir auf, obwohl ich mir sicher bin, dass ich den nicht vergessen werde. Woher diese Zustände oder Wahrnehmungen nur kamen?

Das Protokoll auswerten

Ich beginne mein Protokoll Punkt für Punkt auszuwerten.

1. Ich nehme zu viel auf mich, so dass ...

Ich glaube, ich muss lernen, Arbeit auch abgeben zu können. So oft habe ich das Gefühl: ohne mich geht es nicht. Indem ich mir immer mehr und mehr Arbeit auflade, habe ich immer weniger Zeit für erkennende Momente und Meditationen. Ich erinnere mich an das kleine Viertelstündchen aus meinem Buch „Schwarz und Weiss sind keine Farben“. Ich muss mich schon sehr anstrengen, um mich an mein letztes Viertelstündchen zu erinnern.

2. Ich bin unaufmerksam...

So schnell lässt man sich von den vielen, so wichtigen Alltagsdingen ablenken. Ich glaube, ich muss dieses sinnvolle Viertelstündchen doch wieder einführen und mir jeden Tag eine Viertelstunde Zeit für mich nehmen. Ein kleines Mittagsschläfchen, Zeit für ganz persönliche Gedanken, eine Entspannungsübung oder eine Kurzmeditation haben in dem Viertelstündchen auch Platz.

3. *Das was hier liegt...*

Für was habe ich eigentlich die Herzmitteübung (siehe Seite 31), wenn ich sie nicht praktiziere? Ich weiss doch genau, wenn's pressiert und alles drunter und drüber geht, vergisst man so vieles, weil man flatterig und unkonzentriert ist. Einmal Herzmitte, und all das Flatterige und Unkonzentrierte löst sich auf.

4. Das Vergessen (die Bücher mit der rutschenden Kiste) *waren bestellte Klaka - Bücher.*

Und ich schäme mich fast, es zu sagen, ausgerechnet „Schwarz und Weiss sind keine Farben" waren in der Kiste, die Bücher mit der Anleitung zum Viertelstündchen.

4. *Dieses kleine Anstossen bewirkt eine Kettenreaktion.*

Ein Buch könnte ich mit dieser Kettenreaktion füllen.

5. Etwas Vergessenes kommt in Bewegung und holt mich ein. - Und holt mich ein - und holt mich ein!...

Wo fange ich nur an. Ein wirrer Knäuel von Empfindungen, Gefühlen, und Gedanken liegt vor mir.

Wenn ich mir meine Notizen anschaue, fällt mir auf, dass all die unerklärlichen Empfindungen, Gefühle und Wahrnehmungen immer mit dieser unheimlichen, angstmachenden Stille und Leere einhergingen.

Angst macht uns nur, was wir nicht genau benennen können, und unheimlich ist nur, was wir nicht erkennen können. Also die Leere und Stille hat mir Angst gemacht. Da gibt es nur zwei Möglichkeiten.

Erste Möglichkeit:

Die Decke über die Ohren ziehen und meinem höheren Selbst deutlich und klar sagen: Ich möchte weiterhin blind und taub in meinem Loch sitzen bleiben, lass mich gefälligst in Ruhe!

Zweite Möglichkeit:

Ich will wissen und erkennen!

Anleitung zur Meditation

(Diese Anleitung gilt für alle meditativen Übungen, ausser es ist ausdrücklich auf eine andere Haltung hingewiesen.)

Nimm dir mindestens eine Stunde Zeit.

Suche dir eine gemütliche, ruhige Ecke, in der du die nächste Stunde nicht gestört wirst.

Setze dich bequem hin, bitte mit geradem Rücken. Ob auf einem Stuhl, einem Hocker, einem Meditationskissen oder auf dem Boden, das ist Liebhabersache, wichtig ist nur die gerade Rückenhaltung. Wenn du anlehnen möchtest, ist dagegen nichts einzuwenden. Nicht nur dein Rücken, auch dein Po sollte die Wand berühren. Rückenschmerzen stören die Konzentration und die Wahrnehmung. Absolut ungeeignet sind sogenannte bequeme Sofas oder Polstersessel. Auch wie du deine Beine und deine Hände, hältst ist unwichtig, wenn nicht speziell auf eine Haltung hingewiesen wird.
Hauptsache: du fühlst dich wohl.

Selbstverständlich darfst du dich während der Meditation auch bewegen. Führe die Bewegungen jedoch langsam aus. Dein ganzer Körper ist in Meditation und abrupte Bewegungen stören und erschrecken ihn.

Schliesse deine Augen und schaue mit geschlossenen Augen nach oben. Bitte nicht übertreiben.

Deine Atemzüge sind ruhig und so langsam wie möglich. Einfach so, wie es dir noch wohl ist.

Lass deine Schultern bewusst und entspannt nach unten hängen. Achtung, nicht nach vorne, nur nach unten.

Beim nächsten Einatmen gehst du mit deinem Bewusstsein in die Herzmitte.

Beim Ausatmen hast du das Gefühl, dass du dich in der Herzmitte niedersetzt.

Wiederhole diese Atemtechnik so lange, bist du dich ganz ruhig und entspannt fühlst.

In dir ist Stille, Ruhe und Harmonie. Du befindest dich in deiner Mitte.

Wenn Gedanken kommen, ärgere dich nicht. Vor allem solltest du nicht denken: Ich darf nicht denken. *Vor Jahren hat es einmal einen Schlager gegeben , dessen Text lautete:* Wenn du denkst, du denkst, dann denkst du nur, du denkst.... *Also lass deine Gedanken, halte sie nicht fest, lass sie wie Wolken vorbeiziehen. Und denke nicht, dass du denkst.*

Erkennen und Bearbeiten der Angst

Angst macht uns nur, was wir nicht genau benennen und unheimlich ist nur, was wir nicht erkennen können.

Als erstes wage ich mich an die nach meinem Unfall aufgetretene, unheimliche Stille, an das beängstigende Gefühl der Leere, dieses absolute, bedrohende Nichts. Angst blockiert! Und wie soll ich je das Geheimnis lüften, wenn ich vor Angst wie gelähmt bin. Also! Zuerst geht es der Angst an den Kragen.

Vor meiner Meditation habe ich mir fest vorgenommen: Ich will wissen, was diese Leere ist.

Langsam gleite ich in den meditativen Zustand hinüber. Mein Herz schlägt ruhig, und mein Atem ist so sanft, dass ich ihn kaum noch wahrnehme.

Aus meiner Herzmitte heraus stelle ich meine Frage:
Was ist diese Leere?

Die meisten Antworten, die ich so erhalte, nehme ich in Bildern wahr. Nicht immer sehe ich sie klar vor mir, oft jedoch kann ich sie nachher zeichnen. Nicht alle sehen in der Meditation Bilder. Streng dich nicht an. Je mehr du dich bemühst und dich anstrengst, desto weniger siehst du. Achte viel mehr auf deine Wahrnehmungen. Meditative Antwort ist ein Wahrnehmen, ein Erfühlen. Glaub dir, was du siehst, fühlst, wahrnimmst. Nichts sehen, erkennen oder wahrnehmen können ist ein Nichtglauben an sich selber. Bilder sehen ist fast wie Träumen oder ein Sich-Erinnern.

Ich kann mir ein Bild davon machen. Sobald ich mir über irgend etwas ein Bild machen kann, kann ich auch darüber sprechen oder schreiben. Oft komme ich mit meinen Gedanken bei einem bestimmtem Thema nicht zurecht, sobald ich mir jedoch selber über dasselbe Thema einen Brief schreibe, kann ich vieles erkennen und verstehen. Diese Briefe sehen genau so aus, wie wenn ich an eine liebe Freundin schreiben würde. Es schadet nämlich gar nichts, wenn wir uns selber einmal mit „liebe Rosmarie“ oder „meine Liebe“ ansprechen. Wir sagen uns das sowieso viel zu wenig.

Grammatik, Orthographie und Schönschreiben können wir vergessen. Du kannst in deinem Brief durchstreichen, darüberschreiben oder kreuz und quer deine Buchstaben malen, es gibt keine Regeln, keine Korrektur und auch keine Zensur. All dies ist nur für dich, für dich ganz alleine bestimmt. Es kommt ja auch gar nicht darauf an, wie der Brief aussieht, viel wichtiger ist, dass du darin die gesuchte Antwort findest.

Diese Art der Fragenbeantwortung kannst auch du lernen. Sie ist gar nicht so schwer, nur braucht es etwas Übung, um die erhaltenen Antworten auch richtig wahrzunehmen.

Meditative Übung zum Erkennen von Unbekanntem

- Überlege dir vor deiner Meditation genau auf, was du eine Antwort suchst. Vielleicht überlegst du dir auch, mit welchen Worten du die Frage stellst.

- Du befindest dich in deiner Herzmitte, in der Stille. (Siehe Anleitung zur Meditation weiter oben.)

- Stell dir vor, vor dir oder dir gegenüber ist ein Lichtwesen, ein Engel oder ein Weiser (männlich oder weiblich, wie du lieber möchtest).

- Was möchtest du wissen? Richte deine Frage aus deiner Herzmitte heraus an diese Wesenheit.

- Normalerweise genügt es, die Frage einmal klar und deutlich zu stellen.

- Und nun warte. Dein Atem geht ganz leise: Einatmen - Herzmitte, ausatmen - sich in der Herzmitte niederlassen.

- Einatmen — Herzmitte, ausatmen — sich niederlassen.

- Ein — Aus — Stille!

- Nun beobachtest du deine Empfindungen, deine Gefühle, deine Gedanken, deine Wahrnehmungen. Gibt dir dein Gegenüber Antwort? Hörst du eine Stimme, nimmst du Töne wahr? Siehst du mit deinem geistigen Auge Bilder, Farben oder Symbole?

- Sind die Antworten oder deine Wahrnehmungen nicht klar, bitte um neue, klare Antwort.

- Nimm alles in dich auf. Registriere alles, doch kommentiere nichts. Sobald du genug gesehen, gehört, gefühlt oder wahrgenommen hast, hole tief Atem und öffne langsam deine Augen.

Schreibe nach dem Zurückkommen deine Erfahrungen sofort auf. Vor allem am Anfang ist die Fülle der Informationen sehr gross und die gesehenen Bilder lösen sich so schnell wie Traumbilder auf. Ganz neutral und ohne Zensur solltest du das Erlebte aufschreiben. In meditativem Zustand ist Orthographie und Grammatik eine schwierige Sache. Studiere nicht lange, wie man ein Wort richtig schreibt. Kein Lehrer und kein Chef wird dir deine Notizen nachher korrigieren. Sie sind ganz allein für dich bestimmt.

Bitte forciere nichts. Diese Technik des Erkennen-Könnens braucht etwas Übung. Also verzweifle bitte nicht, wenn es beim ersten, zweiten oder sogar dritten

Mal noch nicht gelingt. Je weniger du erwartest, desto mehr Erfolg hast du.

Nach der Angst müssen wir nie fragen. Angst hat immer eine Ursache, und diese müssen wir erkennen. Auf der Suche nach der Ursache kommen wir leider selten darum herum, uns auch mit der Angst zu konfrontieren. Weisst du die Ursache schon, dann arbeite damit weiter. Weisst du sie jedoch noch nicht, frage deinen weisen Lichtengel nach der Ursache. Ich bin überzeugt, wenn du wirklich willst, erhältst du ganz sicher Antwort. Dein Wollen ist jedoch unerlässlich. Je stärker der Wunsch nach Wissen-Wollen ist, desto schneller und klarer bekommst du Antwort.

Die Antwort auf die Frage nach der unheimlichen Stille

Ich bin bei einem Punkt im Aussenkreis. Von diesem Aussenpunkt führt eine feine Linie zum Mittelpunkt. Ich fühle einen unwiderstehlichen Zug von Aussen zur Mitte hin.

Ich will ihm schon Folge leisten, jedoch spüre ich plötzlich meine Angst wieder: dieselbe Angst, die sich jedesmal in der Stille, in der Leere gemeldet hat. Was ist diese Mitte, dass sie so angsteinflössend ist? Warum fühle ich mich bei dem Punkt im Aussenkreis so wohl?

Ich beobachte, wie sich dieser Aussenpunkt auf mich auswirkt. In mir wächst die Gewissheit, dass dieser Punkt, auf dem ich mich im Moment befinde, mein jetziges Leben, mein Hier und Jetzt ist. Hier ist alles so vertraut, jede Gefühlsregung kommt mir bekannt vor, und ich weiss so ungefähr wie, ich darauf reagiere.

Wenn ich mich auf diesem Hier-und-Jetzt-Punkt so wie zu Hause fühle, was birgt dann dieser Mittelpunkt in sich? Warum habe ich Angst davor? Meine Neugierde siegt über meine Angst und langsam lasse ich mich zur Mitte hin fliessen.

Die MITTE und ihr Geheimnis

Je näher ich dem Mittelpunkt komme, desto öfter meldet sich die Angst. Mein Herz beginnt dann schneller zu schlagen, mein Atem wird unruhig, und in mir breitet sich ein Gefühl der Angst aus, eine Angst, die manches Mal fast an Panik grenzt. Sobald diese Regung zu heftig wird, atme ich wieder ganz bewusst in die Herzmitte. In mir wird es wieder ruhig, ein Gefühl von Vertrauen und Geborgenheit breitet sich aus, alle Angst löst sich auf.

Ich konzentriere mich mehr auf mich selber und stelle mit Erstaunen fest, dass ich bin und doch nicht mehr so ganz bin. Irgend etwas ist passiert. Mein Alltagsbewusstsein hat sich zurückgezogen, mein Ego steht nicht mehr so sehr im Vordergrund. Mein Zustand ist schwer zu beschreiben.

Ein Sein im Nichtsein.

Je mehr sich mein Alltags-Ich auflöst, desto stiller wird es.

Die Stille — die Leere — das Nichts

Die Stille! — die Leere! — das Nichts!

zuckt es mir durch den Kopf. Ja genau, so hat es sich angefühlt. Und davor hatte ich Angst? Hier in meiner Herzmitte empfinde ich diese Stille als wohltuend, die Leere als befreiend und das Nichts als schwebend. Wunderschöne, beglückende Zustände. Es bereitet mir Mühe, an dem Zustand des Glücklichseins nicht hängen zu bleiben. Fast gewaltsam muss ich mich losreissen. Ich will weiter, will wissen, welches Geheimnis die MITTE birgt.

Das sanfte Ziehen, der Sog zur MITTE, ist immer noch da. Ich lasse mich fliessen.

Die MITTE !!!

Ich befinde mich in der MITTE. Das wunderschöne Gefühl der Stille, der Leere, des Nichts ist auch hier. Es war ja wirklich eine Kurzschlussmeinung von mir zu glauben, dass es nur auf dem Weg zur MITTE so still und frei ist. Immer dasselbe! Das Festhalten am Moment! Und ich weiss doch aus Erfahrung, dass dieses Festhalten nichts bringt.

Prentice Mulford sagt so treffend:

Auch Glück wird ranzig!

Der Mensch ist doch ein komischer Kauz: er weiss genau, was ihm schadet, und doch kann er dieses Tun, diese Gedanken und Gefühle nicht lassen. Was wir uns selber zumuten, das würden wir unserem ärgsten Feind nicht wünschen.

In der MITTE. Ich bin in der MITTE!

Ich empfinde mich als grosse schwebende Kugel!
Wie ein grosses, nach allen Seiten sehendes Auge. In unserem physischen Körper können wir immer nur in eine bestimmte Richtung sehen. Dieses rundum Sehen, diese Vielheit ist fast nicht auszuhalten. Sie verwirrt und irritiert mich. Wohin soll ich schauen, wohin meine Konzentration lenken? So viel und alles möchte ich auf einmal sehen...

Es gibt ein so schönes Modewort, das den Zustand, in dem ich mich befinde, beschreibt:

Ich habe Stress! Oder sagt man: Ich bin im Stress.

Als ob das jetzt wichtig wäre, ob es, *ich habe* oder *ich bin*, heisst! Ein wild gewordenes Gedankenkarusell dreht in meinem Kopf.

Halt, stopp.... Jetzt erst mal in die Herzmitte. Hier kann ich verschnaufen, mich ausruhen und wieder zur Klarheit kommen. Hier ist der ruhende Pol.

Einatmen, Herzmitte - Ausatmen, sich niederlassen.
So, jetzt bin ich wieder da. Diese stressigen Gedanken haben mich sachte, aber bestimmt von der MITTE weggezogen. Die MITTE ist Harmonie, und jedes bisschen Disharmonie wird energisch weggewiesen.

Vorsichtig schaue ich in eine Richtung. Erst jetzt wird mir so richtig bewusst, dass ich hier, von der MITTE aus, in andere Zeiten, in andere Leben sehen kann. Ich konzentriere mich in eine Richtung und sehe in ein Leben Mitte des neunzehnten Jahrhunderts. Eine mir vertraute Nonne steht in ihrem sonnendurchfluteten Klosterkräutergarten. Ich erkenne sie. Schon einigemal ist sie mir in Träumen, Meditationen und Rückführungen begegnet.

Wenn ich jetzt hier von der MITTE aus, in ein anderes Leben sehen kann, dann ist diese MITTE doch das Tor zu allen früheren Inkarnationen!

Warum ich davor so Angst hatte?

Ich schaue in eine andere Richtung. Ah, hier ist auch ein alter Bekannter von mir. Mein Arzt aus dem neunzehnten Jahrhundert, mit Zylinder und schwarzem Umhang. Er hat sich schon oft gemeldet: Bei Durchgaben von Medien hat er mir Tips zu Problemfällen gegeben. Bei Heilungen habe ich seine Nähe und Gegenwart gespürt.

Wieder fängt mein Karussell zu kreisen an! Die Nonne und der Arzt, das waren doch geistige Helfer von mir? Oft haben mich Medien auf diese verstorbenen, helfenden Menschen hingewiesen? Und doch sehe ich von der MITTE aus in meine eigenen anderen Leben! Die Nonne, der Arzt und ich? Helfende Geistwesen? Geistige Führer?

Na ja, jetzt ist die Verwirrung komplett.

Moment mal, das waren ja Fragen, die ich mir immer wieder gestellt habe: Wenn ich in einem früheren Leben die Nonne war, und in einem früheren Leben war ich der Arzt.... Wo oder wer waren dann meine geistigen Führer? Und jetzt sehe ich, wie sich die Wege dieser zwei wundervollen Menschen kreuzen! Wie sie sich begegnen und eine kurze Strecke ihres Weges gemeinsam gehen....!

Halt, stopp, jetzt wird mir das Ganze zu konfus. Einmal Nonne, einmal Arzt! Einmal Weibchen, einmal Mann! Einmal Geistführer, einmal ein altes Leben von mir! Und das auch noch zur selben Zeit! Ich bin doch kein doppeltes Lottchen!

Jetzt reicht's!

Tief hole ich Atem.......
......und ich bin wieder in der Gegenwart.

Puh, jetzt muss ich mich erst einmal erholen. Ich schreibe alle meine zurückgebrachten Eindrücke sofort auf. Aus Erfahrung weiss ich, dass meditative Eindrücke und Erlebnisse sich so schnell wie Träume auflösen. Und das, was ich soeben gesehen und erlebt habe, darf auf keinen Fall verlorengehen.

Beim Aufschreiben des Geschauten wird mir klar, dass diese MITTE, dieses Zentrum der Stille, der Einheit, der Leere und des Nichts, nichts anderes ist als der Mittelpunkt aller unserer früheren, heutigen und zukünftigen Leben. Der Raum, in dem sich alle Lebensfäden vereinen. Das Fenster, durch das wir in alle unsere anderen Leben sehen können, die Verbindung, die Brücke, die Hot Line zu allen von uns gemachten Lebenserfahrungen.

Es war so einfach, in diese MITTE zu gelangen. Wenn ich mir vorstelle, was für einen Aufwand ich betrieben habe, um in den Genuss einer Mediendurchgabe oder einer Rückführung zu kommen. Sicher waren die Medien, mit denen ich in Kontakt kam, fast alle wunderschöne, seriöse und bestens ausgebildete Menschen, die ihren Beruf und nicht die klingelnden Münzen von Unwissenden ernst nahmen. Und doch blieb nach jedem Besuch, nach jeder Durchgabe ein grosses Fragezeichen zurück. Ich wollte nicht unbedingt mit Verstorbenen in Kontakt kommen, mein grosser Wunsch war, Antwort auf hunderttausend nicht gestellte Fragen zu erhalten. Verstorbene müssten erst ihren Bereich bearbeiten, bevor sie als helfende Geistwesen Menschen begleiten. Leider ist es im Jenseits nicht viel anders als hier: Zu viele halbgebildete, halb ausgebildete Seelen möchten andere belehren und führen.

Halbwissen ist eine gefährliche Sache!

Auch in meiner Zeit der medialen Ausbildung wurde mein Wissenshunger nicht gestillt, obwohl ich an dieser Stelle meinen vorzüglichen Lehrern ein ganz herzliches Dankeschön für ihr Dasein aussprechen möchte.

Die rechte Hirnhälfte

Noch am gleichen Abend probierte ich den neuen Weg noch einmal aus.

Zuerst entspannen, dann Herzmitte und den innersten Wunsch, in die MITTE zu kommen. In dem Moment, wo sich mein unruhiger Geist beruhigt hat und in mir Stille eingekehrt ist, zog es mich wieder in diesen wunderschönen Raum der Stille und des Friedens. Dieses Mal war ich auf das zu Erwartende schon etwas vorbereitet und ich konnte mich viel mehr der Ganzheit widmen. Das schon erwähnte Bild des Kreises verfestigte sich in mir. Wie eine grosse Uhr mutet es an. Nicht nur die Zahlen von eins bis zwölf waren auf diesem beweglichen Zifferblatt aufgezeichnet. Bei jeder Minute, bei jeder Sekunde und vielleicht auch bei Bruchteilen von Sekunden zeigte sich ein anderes Leben. Wieviele? Ich weiss es nicht. Als meine Tochter noch sehr klein war, zählte sie so: Eins — Zwei — Viel. Ich kann bei dieser Lebensuhr auch nur so zählen: Eins, Zwei, Viel! Es ist sicher auch nicht wichtig zu wissen, wieviele Leben sich die geistige Einheit, das Über-Ich, das Geistige-Ich oder wie diese Ganzheit auch immer heissen mag, ausgesucht hat. Unser Leben ist doch viel zu kurz, um mit allen unseren

Inkarnationspersönlichkeiten in Kontakt zu kommen. Bei zu vielen Kontakten besteht auch die Gefahr, dass wir unser heutiges Leben verpassen. Dass wir unsere Aufgaben nicht erkennen und unseren Auftrag nicht erfüllen würden, und dann, wenn wir zurück in die geistige Einheit möchten, heisst es: Tut uns leid, Auftrag noch nicht erkannt und noch nicht erfüllt, bitte Leben „wiederholen!“

Sicher es ist sinnvoll, einige unserer „alten“ Leben zu erkennen, anzuschauen und aus den gemachten Fehlern und Erfahrungen zu lernen. Es ist jedoch nicht anders als bei allem anderen auch

Allzu viel ist ungesund.

Meine Vielheit hat mich tief beeindruckt. Sind doch all die geschauten Leben, all die Persönlichkeiten ein Teil von mir und ich bin ein Teil von ihnen. Mein Tun und mein Denken wirkt sich auf die Leben meiner anderen Inkarnationspersönlichkeiten aus. Genauso, wie ich von ihrem Tun und Denken beeinflusst werde.

Diese Fäden, die zur MITTE gehen, verbinden jeden mit jedem. Wenn der eine zieht, wird der andere gezogen, lässt die eine Seite los, hat der andere mehr Spielraum.

Es ist ja schön, dass ich vor der Stille, der Leere, dem Nichts keine Angst mehr habe. Aber das Wissen, dass all mein Tun, all mein Denken und all mein Fühlen nicht nur mich selber betrifft, sondern auch andere Menschen....

So langsam begreife ich, warum mein Unbewusstes Angst vor dieser MITTE gehabt hat. Die MITTE hat mir meine grosse Verantwortung, die ich mir und allen anderen Ichs von mir gegenüber habe, gezeigt. Diese Erkenntnis ist fast eine Schuhnummer zu gross für mich. Tröstlich ist, dass man in zu grosse Schuhe noch hineinwachsen kann. Es braucht nur ein bisschen Zeit dazu.

Mein ganzes Sein wird von dieser Erkenntnis berührt und beeinflusst. Selbst im einfachsten Alltagstun ist die Gewissheit: Die Wellen dieses Tun sind nicht nur bei mir.

Ich stehe am Ufer eines Sees und werfe einen Stein ins Wasser. Der Stein ist schon bald nicht mehr zu sehen, aber die Wellen ziehen ihre Kreise. Da wo ich stehe, treffen sie bald ans Ufer und lösen sich auf. Mir gegenüber ziehen sie jedoch weiter, weiter... Wohin? Ich weiss es nicht! Vielleicht treffen sie auf ein Schiff und gehen in der grossen Bugwelle unter? Vielleicht treffen sie auf ein im Wasser schwimmendes Blatt und bringen es zum Schwanken, zum Kentern? Vielleicht scheucht meine kleine Welle eine Mücke auf, eine kleine Mücke, die ein Fisch soeben verspeisen wollte... Und jetzt hat der arme Fisch kein Mittagessen. Also hat mein Steinwurf am Seeufer bewirkt, dass dieser arme Fisch in der Mitte des Sees jetzt hungern muss..

Dieser See-Gedanke liesse sich noch lange weiterspinnen. Was löst die Welle meines Tuns alles aus, wer ist davon betroffen, und wie kommt diese Welle bei dem anderen an?

Ich muss schon sagen, mein kleines Bewußtseins-Boot kommt bei diesen Gedanken ganz schön ins Schwanken.

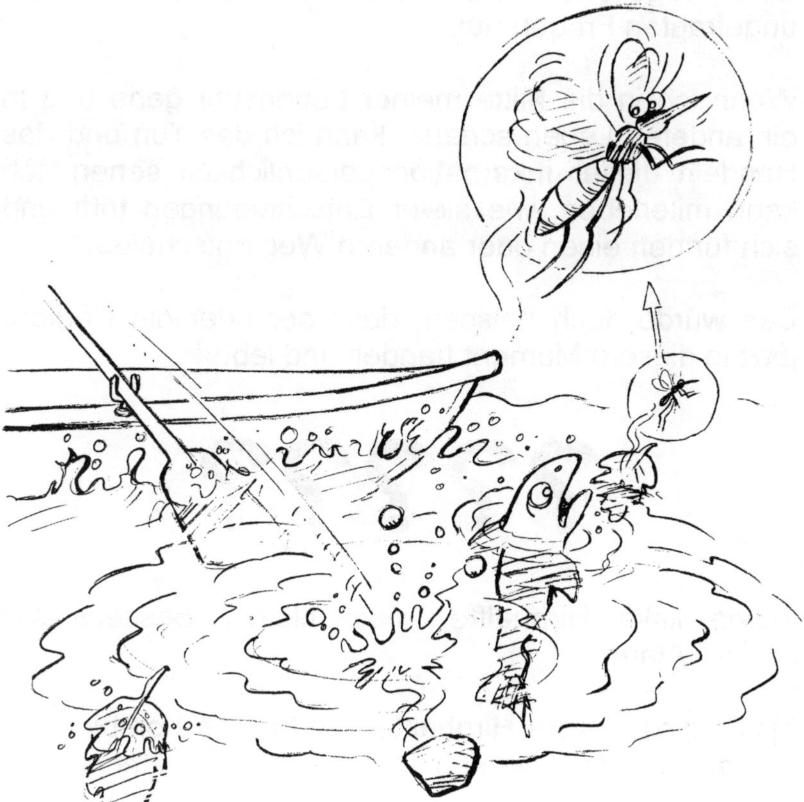

Fragen, Fragen und nichts als Fragen

So viele neuen Fragen! Es sind so viele! Reicht ein Leben überhaupt aus, um alle diese Rätsel zu lösen?

Eine Frage ragt unübersehbar aus dem Nebel der ungefragten Fragen auf.

Wenn ich in die Mitte meiner Lebensuhr gehe und in ein anderes Leben schaue, kann ich das Tun und das Handeln dieser Inkarnationspersönlichkeit sehen. Ich kann miterleben, wie sie/er Entscheidungen trifft und sich für den einen oder anderen Weg entscheidet.

Das würde doch heissen, dass der oder die Person, jetzt in diesem Moment handelt und lebt!

?????

Meine linke Hirnhälfte, mein kleiner Besserwisser schlägt Alarm!

Meine kleine, linke Hirnhälfte, die für das Kombinieren und das logische Denken verantwortlich ist, streikt.

Diese Hirnhälfte ist in ihrem Denken an die lineare Zeit gebunden. Für sie kann eine Gleichzeitigkeit nur durch zwei verschiedenen Wesen stattfinden. Die Gleichzeitigkeit eines Wesens an zwei verschieden Orten ist zu abstrakt und wird somit vom Intellekt nicht wahrgenommen oder einfach geleugnet.

Na ja, bitte sehr, du kleines Hirn, wenn du streiken möchtest oder wenn du wegen Überbelastung ausfällst, lassen wir dich in Ruhe. Wir haben nämlich noch unsere rechte, viel zu wenig gebrauchte, andere Hirnhälfte und die kann deine Arbeit übernehmen.

Es braucht jedoch einen kleinen Trick, um diese rechte Hirnhälfte zu aktivieren. Sich ein Bild vorstellen und somit das Zeichnen und das Malen, aber auch das abstrakte Denken findet in der rechten Hirnhälfte statt. Diese Aufteilung ist ganz praktisch. Haben wir ein Problem, das wir mit Logik nicht mehr lösen können, nutzen wir unser Potential der rechten Hirnhälfte und machen uns einfach ein Bild von unserem Problem oder von einer Frage. An diese Art der Problemlösung und Antwortfindung muss man sich erst gewöhnen. Zu lange und zu intensiv wurde während der Schul- und Lehrzeit unsere intellektuelle linke Hirnhälfte trainiert. Und dieser Teil unseres Ichs wehrt sich nun verständlicherweise, die Herrschaft abzugeben.

Ein idealer Zustand unseres Hirngebrauchs ist: halb linke Hirnhälfte, halb rechte Hirnhälfte. Wir sagen ja auch die linke und die rechte Hirnhälfte, obwohl die Hälften bei weitem nicht gleich genutzt werden.

Alles, was sich logisch nicht erklären und lösen lässt, können wir mit der intuitiven „Denkart“ bearbeiten. Kleinkinder sind noch rechts, das heisst, ihre rechte Hirnhälfte ist aktiv. Erst später erwacht das logische, linke Denken und Handeln.

Solange ein Kind nicht gestört wird, zeichnet es genau das, was es empfindet. Hier lohnt es sich, wieder kindlich zu werden und diese Art des Zeichnens wieder zu erlernen. Diese Art des Zeichnens bringt auch dir Antworten und Lösungen.

Die zweite Möglichkeit

Es gibt noch eine zweite Möglichkeit, um die intuitive rechte Hirnhälfte zu aktivieren. Auch diese Art muss erst geübt werden, um in nützlicher Frist brauchbare Antworten zu bekommen.

Du kennst es ja schon:

Atme in deine Herzmitte, gehe mit deinem Bewusstsein in deine Mitte und beim Ausatmen lässt du dich darin nieder. So, wie wenn du dich nach einer Anstrengung in einen Sessel plumpsen lässt.

So, da bin ich!.

Dieses Mal bist du nicht in deiner gemütlichen Meditationsecke, sondern gerade da, wo du bist. An deinem Arbeitsplatz, bei der Hausarbeit, bei Sport oder

Vergnügen. Überall und bei welcher Tätigkeit auch immer kannst du in deine Herzmitte gehen und deine rechte Hirnhälfte aktivieren.

Beim Einatmen mit dem Bewusstsein in die Herzmitte gehen und beim Ausatmen setzt du dich in der Herzmitte nieder. Je öfter du diese Atmung schon vor oder während Meditationen praktiziert hast, desto leichter fällt es dir, mit offenen Augen und mit Bewegung und Geräuschen rings um dich in deine Mitte zu kommen.

Deine Herzmitte ist fast wie die MITTE. Hier laufen alle Fäden, alle Verbindungen zusammen. Brauchst du Zugang zu deinem intellektuellen und deinem intuitiven Denken, gehe in deine Herzmitte, beides ist da. Hast du eine schwierige Situation vor dir, gehe in deine Herzmitte und du hast alles, was du brauchst, zur Verfügung. Verstand, Vernunft, Intellekt, Intuition und noch vieles mehr: Wirklich alles was du für die bestehende Situation gerade notwendig hast.

Will jemand mit dir streiten, geh in deine Herzmitte, und du wirst erkennen und verstehen können, was der andere effektiv von dir möchte, was ihn aus dem Geleise geworfen hat, oder du nimmst wahr, dass er nur ein Opfer für seine Streitlaune gesucht hat. Aus der Herzmitte heraus kannst du klar argumentieren und deine Wünsche und deinen Willen, ohne Verzerrungen, besser mitteilen.

Das In-die-Herzmitte-Gehen im Alltag hat grosse Vorteile. Rein theoretisch wäre es uns auch möglich, 24 Stunden im Tag in diesem Zustand zu verweilen. Wenn uns das gelingen würde, Tag für Tag, Jahr für Jahr.....

So hätten wir eine/n Weise/n, eine/n Heilige/n, einen Buddha mehr auf dieser schönen Welt.

Der sechste Sinn!

Vielleicht hat der sechste Sinn doch etwas mit der Herzmitte zu tun? Vielleicht hat dieser so geheimnisvolle sechste Sinn seine Wohnung in der rechten Hirnhälfte? Auf jeden Fall wird unser Leben viel erträglicher, wenn wir den sechsten Sinn öfters aktivieren. Wir sind dann nicht mehr gar so sehr Opfer von uns selber.

Es gibt Naturtalente, die (fast) immer in ihrer Mitte sind, sie meistern problemlos ihre Aufgaben und haben auch überall Erfolg.

Achtung, dieses In-der-Herzmitte-Sein hat nichts mit „Liebsein“ zu tun; ganz sicher nicht in der Form, was wir unter „Liebe“ verstehen. Ein erfolgreicher Mensch, der nicht unbedingt unseren Liebesvorstellungen entspricht, kann trotzdem aus der Herzmitte handeln.

Was sich aus der Herzmitte jedoch nicht machen lässt, ist machthungriges, destruktives, zerstörendes Tun, denn wer aus der Herzmitte handelt, versteht, zum mindesten unbewusst, dass Aktion gleich Reaktion ist. Nie würde ein Herzmitte-Mensch etwas tun, das er mit seinem innersten Gewissen und mit seiner karmisch gewählten Aufgabe nicht vereinen könnte.

Leider befinden wir uns nicht immer in der Mitte. In der „Nichtmitte-Zeit“, da passieren auch die grossen Dummheiten, dieses Tun, das wir später bereuen.

GLÜCK
ALKOHOL
KRANKHEIT
KURZFILME
1678–1709
1573–1605
1844–1903
1901–1939
1923–1940
LIFE

Die Gleichzeitigkeit

Wenden wir uns noch einmal der Gleichzeitigkeit der verschiedenen Inkarnationspersönlichkeiten zu.

Vergleichen wir die Lebensuhr mit einem Filmarchiv, so lässt uns das die Dimensionen, die Vielfältigkeit, das Ausmass der ganzen Inkarnationseinheit erahnen.

Wir haben ein Filmarchiv. Alle Filmrollen sind säuberlich beschriftet und eingeordnet. Rollen mit gleichen oder ähnlichen Themen oder Inhalten stehen fast immer nebeneinander. Wir können jederzeit eine solche Rolle hervorziehen und uns die einzelnen Bilder anschauen. Wir können den Film auch in den Projektor einspannen und ihn abspielen lassen. An jeder von uns gewählten Stelle können wir mit dem Abspielen beginnen. Einmal schalten wir uns weiter vorne, einmal weiter hinten in das Filmgeschehen ein. Oder wir lassen eine gleiche Szene immer wieder spielen. Ganz frei können wir wählen.

Wenn du in der Mitte des Raumes stehst, siehst du die Rollen und die Titel der Filme und du kannst dich dem Regal, den Filmrollen mit dem gewünschten Thema zuwenden. Aus der MITTE heraus kannst du ganz bewusst die einzelnen Leben und/oder Lebensabschnitte abrufen. Du möchtest Antwort zu einem unerklärlichen Wunsch, der dich schon Jahre verfolgt. Aus der MITTE, aus der Mitte des Raumes, siehst du dich ganz bewusst nach dem geeigneten Film, dem Leben, der Inkarnation mit dem betreffenden Thema um.

Bei echten Rückführungen (nicht bei Traum- und Wunschgedanken oder gar Therapeutenzwang) wählt meistens unser Unterbewusstsein die Filmrolle (das Leben) und die gewünschte Stelle (Szene oder Begebenheit) aus.

Jedes Leben ist wie ein Film. Und so vielfältig die verschiedenen Inhalte der Filme sind, so vielfältig und unterschiedlich sind auch die Leben. Von der MITTE heraus können wir jeden dieser Filme betrachten. Sobald der Film in Bewegung gebracht wird, werden für den Zuschauer die beteiligten Personen lebendig.

Von der MITTE aus betrachtet, ist auch dein jetziges Leben ein Film.

Jede Persönlichkeit aus deiner Lebensuhr hat die Möglichkeit, in die MITTE zu gehen und in ein anderes Leben zu sehen. Das heisst, dass eine andere Inkarnationspersönlichkeit von dir auch in dein Leben sehen kann. Genau so wie du, kann er/sie beobachten, was du tust, wie du lebst, in welcher Zeit du wo bist und was du wann, wie und wo tust.

Vielleicht macht diese andere Persönlichkeit gerade eine Rückführung und landet in deinem Leben, erlebt dich als sich selber und kann vielleicht von deinem Tun lernen?

Du selber merkst von diesem Beobachtet-Werden nichts.

Die Lebensfilme sind jedoch nicht starr und für alle Zeiten fixfertig gedreht. Diese Filme sind nicht eine definitive, fest bestehende Angelegenheit. Jederzeit können an den bestehenden Lebensfilmen Änderungen vorgenommen werden, Szenen und Bilder herausgeschnitten und neue eingesetzt werden.

Ein geschultes Medium kann in die Zukunft schauen, sieht Bilder und Szenen aus der sogenannten Zukunft. Ob diese Bilder sich je in Wirklichkeit umsetzen, steht offen, denn, wie oben schon erwähnt, kann jederzeit geändert werden. Leider wird dieses In-die-Zukunft-Sehen oft Wahrsagen genannt. Mit Wahr, Wahrheit, Wahressagen hat es sehr wenig zu tun. Vielleicht wäre besser, wenn wir dieses Tun „Eine eventuelle Situation erkennen“ nennen würden? Du kannst in der Zukunft nur eine eventuelle Möglichkeit sehen. Eine Möglichkeit, die vielleicht eintreten wird, die sicher eintreten wird, wenn du es so willst. Wenn uns ein Medium nur überzeugend genug sagt, dies oder jenes wird eintreten, klammert sich unser Unterbewusstsein an diesen Worten fest und dieses Geschehen muss eintreten. Unser Unterbewusstes ist gar nicht mehr bereit, eine andere Version zuzulassen.

Ängste und Wünsche sind von einem guten Medium aus der Aura (feinstoffliche Körper) des Hilfe Suchenden abrufbar. Nichts einfacher, als diese Wünsche und Ängste ans Licht zu ziehen, dem Menschen überzeugend genug sagen, das wird eintreffen, und schon wird alles so geschehen. Die zum Teil unangenehmen, unlogischen, skurrilen, prophezeiten Szenarien können von uns jederzeit verändert oder aufgelöst werden. Jede Prophezeiung, die uns nicht gefällt, können wir ändern. Es gibt die festgefügte, starre, unausweichliche Zukunft nicht, selbst wenn unser Film scheinbar fertig im Regal liegt.

Psst!... stell jetzt keine Fragen! Alle Fragen kommen aus der linken Hirnhälfte, und wir haben ja schon einmal gesehen, dass unser lieber, kleiner, intellektueller Besserwisser all die abstrakten Begebenheiten nicht erfassen kann, davon konfus und verwirrt wird und dann gar nichts mehr begreift. Das Erfassen der Gleichzeitigkeit, der bestehenden fixen und doch so variablen Zukunft kann nur mit der rechten Hirnhälfte geschehen. Wenn sie es erfasst und verarbeitet hat, wird sie es Stückchen für Stückchen, in allerkleinsten Dosen, der linken Hirnhälfte verfüttern, bis die ganze Wahrheit, das ganze Wissen ein bestehender Bestandteil unseres intellektuellen Seins und des intellektuellen Wissens ist. Dann wird sich unser kleiner Besserwisser aufspielen: Ich habe ja immer gewusst und gesagt, dass es so ist. Ja, so ist es für unseren kleinen Knirps. Sobald er etwas erfasst und verstanden hat, war es immer so, und er ist der, der das ganze Wissen erforscht und gefunden hat. Lassen wir ihm seine Eigenheit. Ändern können wir ihn doch nie, aber wir können anfangen, ihn nicht mehr ganz so wichtig zu nehmen.

Die rechte Hirnhälfte ist wie die grosse Weise, wer will es dann dem kleinen linken Teil verübeln, wenn er auch einmal gross sein möchte und sich deshalb aufbläht?

Ein aufgeblasener Luftballon ist aber keine stabile, festgefügte Kugel. Also, zu sehr würde ich mich nicht darauf setzten und mich nicht auf die Stabilität und die Richtigkeit unseres Intellekts verlassen.

Zweiter Teil

Die Begegnung

Den Lebensfilm verändern

Noch einmal nehme ich mein Unfallprotokoll zur Hand und lese meine Notizen durch. (Seite 24)

Den ersten und den zweiten Punkt habe ich klar erkannt und bin nun dabei, die Fehler, die es mir aufgezeigt hat, aufzulösen.

Punkt drei ist wie ein Weg über eine Brücke, den ich gehen kann. Wohin mich dieser Weg führt?

Punkt vier: *dieser kleine Anstoss bewirkt eine Kettenreaktion.*
Ja, das wurde wirklich ausgelöst. Die Konfrontation mit meiner Angst, der Weg in die MITTE und das Bild der Lebensuhr. So viel habe ich seit diesem kleinen Anstoss erlebt, soviel geschaut und erfahren. Eine Kette geistiger Lektionen.

Punkt fünf, *das Vergessene holt mich ein....*
Mir scheint, dass ich es wirklich vergessen habe. Ich kann nicht erkennen, was ich vergessen habe und was mich eingeholt hat.

Punkt sechs zeigt mir, dass es höchste Zeit ist, dieses Vergessene zu erkennen. Das Nicht-Hinsehen, das Nicht-Erkennen kann wirklich gefährlich für mich werden. *Nicht nur zum Fall, sondern zum Unfall mit Folgen.*
Mit Folgen?

Bei Punkt sieben steht doch ganz klar und deutlich: *Medizinisch keine sichtbaren Unfallfolgen...*

Keine sichtbaren Unfallfolgen? Medizinisch? Woher kommen denn meine Schmerzen? Woher das Geschwollen-Sein? Woher die dunkelroten und schwarzen Flecken? Woher das nächtliche Gefühl des Blutfliessens?

Medizinisch keine feststellbaren Unfallfolgen! Dies bestätigte mir mehr als ein Arzt. Die Symptome sind nicht erklärbar. Die unmöglichsten Diagnosen wurden gestellt, von vererbt bis Phantomschmerzen war alles drin.

Etwas Vergessenes holt mich ein....

Wenn ich doch nur draufkäme, was es ist!

Mit meiner Logik komme ich nicht weiter.

Jetzt will ich es wissen.

Ich gehe in meine Herzmitte.

Einatmen und mit dem Bewusstsein in die Herzmitte gehen. Ausatmen und mich in der Herzmitte niederlassen.

Ich kritzle auf meinem Schreibblock herum. Ich versuche, ein neues Bild, das mir Wissen und Erinnerung bringt, in mein Bewusstsein zu holen. Langsam nimmt es Gestalt an.

Die nachfolgend beschriebene Art des Arbeitens braucht etwas Übung. Du kannst nicht lesen und zur gleichen Zeit die Übung machen. Merke dir die Bilder, gehe in die Herzmitte und stelle dir die Bilder vor. Wie bei allen hier im Buch erwähnten Übungen, gib nicht gleich auf, wenn die Erfahrung auf sich warten lässt. Lass dir Zeit, probier es immer wieder und du wirst sicher schon bald in den gewünschten Zustand kommen.

Lies noch einmal die Anleitung zur Meditation auf Seite 31 durch. Das In-die-Herzmitte-Gehen und in diesem Zustand ohne Anstrengung und wie selbstverständlich zu verweilen ist die Grundlage, die zum Gelingen der nachfolgenden Übungen und Erfahrungen dient. In der Herzmitte bist du vor unangenehmen Erfahrungen geschützt, und was noch viel wichtiger ist, du kannst jederzeit mit einem Atemzug aus jedem Zustand wieder ins Jetzt zurückkehren.

Leichtsinn und Neugierde sind gefährliche Wegbegleiter. Also sei bitte vernünftig und übe erst das In-die-Herzmitte-Gehen. Immer wieder suchen wir Bestätigung für die Richtigkeit unseres Tuns. Wir haben Angst, etwas falsch zu machen. Bei dem In-die-Herzmitte-Gehen ist es ganz einfach:

Sobald du in der Herzmitte bist, bist du dir ganz sicher: so ist es richtig. Solange du noch unsicher bist, bist du noch nicht in deiner Mitte.

Es ist schwierig, den Zustand des In-der-Herzmitte-Verweilens zu beschreiben. Vielleicht sind Stille, Ruhe, Entspanntsein und Gelassenheit die richtigen Worte dafür? Auch klar erkennen können oder das Verstehen und Erfassen der Ganzheit sind in diesem Zustand möglich, genauso wie das Verzeihen von Vergangenem. Und das sind nur ganz wenige Dinge, die die Mitte umschreiben und die von hier aus möglich sind.

Wieder schaue ich mir mein Gekritzel an.

Eine grosse Veranda ist zu erkennen. Ein schönes Geländer mit einer gut schliessbaren Türe grenzt die Veranda ab. Durch diese Türe gelangt man auf eine Treppe, die nach unten führt.

Auf der Veranda stehen zwei bequeme Sessel und ein kleiner Tisch. Stell dir diese Veranda genau vor. Wenn du willst, kannst du dir deine Veranda noch ausschmücken, jedoch sind zu viele Details verwirrend.

Die Veranda — Meditation

- Ich entspanne mich und gehe in meine Herzmitte.

- Sobald ich entspannt und ruhig bin, stelle ich mir meine Veranda vor.

- Ich stell mir vor, ich stehe an der Geländertür auf meiner Veranda und schaue nach unten. Auf einen grossen Platz sind viele Menschen versammelt. Männer, Frauen und Kinder aller Nationalitäten sind anwesend. Sie haben verschiedenfarbige Kleider an. Es sind jedoch nicht ihre Kleiderfarben, die bewirken, dass einige eine hellere und andere eine dunklere Ausstrahlung haben. Wenige ganz hell leuchtende, aber auch einige ganz dunkle, fast schwarze Wesen sind dabei.

- Ich bitte die Person, die mir helfen kann, mein Vergessenes wieder zu erkennen, auf die Veranda zu kommen.

- Ich schaue zu den vielen Menschen und sehe, dass sich eine helle Gestalt in Bewegung setzt. Sie kommt auf die Treppe zu. Zur gleichen Zeit nehme ich eine leicht dunklere Gestalt wahr, die auch zur Treppe strebt. Beide Wesen sind nun unten an der Treppe angelangt und möchten nach oben kommen.

- Ich stehe an der Türe und überlege mir, wer mir von den beiden die richtige Antwort geben könnte. Eigentlich braucht es kein langes Überlegen, für Antworten sind die hellen Gestalten immer besser.

- Ich bitte den Menschen mit der hellen Ausstrahlung zu mir zu kommen. — Der Dunkle möchte sich vordrängen.....

- Es ist meine Veranda, hier habe ich zu sagen, wer eintreten darf und wer nicht. Jedes Wesen, von strahlend hell bis rabenschwarz, muss sich meinem Willen beugen. Das Gesetz des freien Willens! Keiner kann sich diesem Einfluss entziehen.

Das Gesetz des freien Willens bedingt natürlich, dass du weisst, was du willst!

- Ich will, dass das Wesen mit der hellen Ausstrahlung zu mir kommt.

- Der Dunkle muss sich zurückziehen.

Achtung! Hell und dunkel ist nicht mit lieb und böse gleichzusetzen, jedoch haben hellstrahlende Wesen ein viel grösseres Wissen.

- Ich biete meinem Gast einen Sessel an.

- Ich stelle meine Frage nach dem Vergessenen.

  Das Wesen möchte mir etwas sagen. Leider ist mein feinstoffliches Hören heute sehr schwach, so dass das Wesen zur „Bildersprache“ wechselt.

- Ich sehe Bilder von alkoholkranken Menschen.

- Soll ich mit alkoholkranken Menschen arbeiten? Mein Gast schüttelt den Kopf und zeigt mir meine Lebensuhr. Ich glaube, ich verstehe, eine andere Inkarnationspersönlichkeit aus meiner Geistigen Einheit hat Probleme mit Alkohol. Ein bestätigendes Nicken.

Dieses Sich-in-Bildersprache-Verständigen war ein bisschen mühsam, und doch kamen wir zu einem erfolgreichen Schluss. Mein Gast teilte mir mit, dass viele aus meiner Geistigen Einheit mit Alkoholproblemen zu kämpfen hätten und sich meine Seele bereit erklärt hat, diesen Themenbereich zu bearbeiten. Na, da habe ich mir ja was Schönes aufgebürdet. Vor allem habe ich keine Ahnung, wie ich das Ganze angehen soll.

Nach unserem „Gespräch“ bedanke ich mich bei meinem Gast, verabschiede mich von ihm und öffne ihm die Türe. Ich sehe, dass jetzt kein Mensch mehr auf dem grossen Platz ist. Ich schaue dieser wunderschönen Gestalt nach, wie sie sich über den Platz hinweg entfernt.

Ich schliesse die Türe!

So, da sitz ich nun und weiss nicht weiter!
Ich glaube, ich habe meine Frage falsch gestellt. Ich habe nach dem Vergessenen gefragt, wollte jedoch über mein Bein etwas wissen. Es ist so wichtig, dass ich mir die Frage vor der Meditation überlege, dass ich genau weiss, was ich fragen will. Auch Entweder-oder-Fragen sind nicht geeignet um, eine klare Antwort zu erhalten.

Ich lasse mir die erhaltene Antwort durch den Kopf gehen. Durch meine „falsche" Fragestellung habe ich Antwort zu meiner Lebensaufgabe, zur Aufgabe, die sich meine Seele vor ihrer Inkarnation ausgesucht hat, erhalten und ich bin unzufrieden, weil ich Antwort auf mein „kleines" Beinproblem wollte. Eigentlich schäme ich mich fast ein bisschen und mache mich ganz klein bei dem Gedanken: *Ich wollte nicht wissen, was für eine Aufgabe sich meine Seele gestellt hat und was ich für andere tun soll!...*

Grummel, grummel..... schlechtes Gewissen! Immer dieses Sich-klein-Machen und Sich-Unfähig-Fühlen. Manches Mal kann ich über meine Dummheit nur den Kopf schütteln.

Also, ok, vielen Dank, aber jetzt will ich endlich wissen, was mit meinem Bein los ist! Will wissen, was die unverständlichen Begleiterscheinungen beim Unfall und die unbegreiflichen Phantomschmerzen sind!

Bei der nächsten Gelegenheit wiederhole ich die Veranda-Meditation. Dieses Mal habe ich mir genau überlegt, was ich eigentlich will.

Wieder gehe ich in meine Herzmitte und stelle mir meine Veranda vor.

Ich stehe an der Verandatür und schaue auf die Menschen.

Meine Frage lautet:
Ich will wissen, was mit meinem Bein los ist!
Ich bitte die Person, die mit den Schmerzen etwas zu tun hat, zu mir auf die Veranda zu kommen. Ich stehe bei der Türe und wache darüber, dass nur ein Mensch meine Veranda betritt. Ich wache auch darüber, dass kein unsympathisches, abstossendes Wesen auf die Veranda kommt. Möchte jemand kommen, der mir nicht gefällt, so schicke ich ihn weg. Es ist meine Veranda und ich habe das Sagen, wer eintreten darf und wem die Türe verschlossen bleibt.

Nach meiner Fragestellung kommt wieder Bewegung in die Menge. Eine Frau kommt zur Treppe.

Ich biete meinem Gast einen Sessel an. Es ist eine jüngere, sympathische, rundliche Frau in einfachen, geflickten Kleidern.

Ich stelle mich vor, meinen Namen, wo ich wohne und welches Jahr wir heute schreiben. Ich frage sie, wer sie ist.

Sie kommt aus einem kleinen Dorf in Litauen. Leider habe ich ihren Namen nicht genau verstanden. Er klang ungefähr wie Anuschka. Aber sicher bin ich mir nicht. Sie hat nichts dagegen, wenn ich sie Anuschka nenne. Bei ihnen sei tiefer Winter. Überall liegt viel Schnee, und es ist sehr kalt und sie hätten nichts zum Heizen. Nach dem Jahr befragt, schaut sie mich zweifelnd an: natürlich 1956!

1956! Ich schlucke zweimal leer. In meinem Kopf fängt es an zu rattern. Das ist doch nicht möglich, ich muss mich verhört haben. Das kann....

Ein Zeichentrickfilm, den ich mir auf Video immer wieder einmal anschaue, ist der Film von Dick Tracy. Immer wenn die Situation sehr gefährlich wird, ruft er: *Haaalt, alles anhalten!*.... Und alle beteiligten Personen sind wie versteinert. Keiner bewegt sich mehr, bis der Befehl: *weiter!* kommt.

In dem Moment, wo es in meinem Kopf angefangen hat zu rotieren, eine ganze Sintflut von Fragen auf mich einprasselte, befahl eine Stimme: *Haaalt, alles anhalten!.....*

Ich atme tief ein und lasse alle Luft wieder geräuschvoll ausströmen. Und jetzt Einatmen - Herzmitte - Ausatmen und wieder in der Mitte sein. Jetzt sehe ich auch meine Anuschka wieder und höre ihre Stimme.

Ich frage sie, ob sie einen Unfall gehabt habe und jetzt Probleme mit ihrem linken Bein hätte. Sie schüttelt den Kopf und zeigt mir ihre hübschen Beine.

Ich begreife die Welt nicht mehr. Ich glaubte mich der Lösung schon so nahe.

Ich frage Anuschka nach ihrem Leben, wie es ihr so gehe und was sie mache. Sie fängt an zu weinen. Sie erzählt mir: Ich habe einen so lieben Mann. Er hat nur einen Fehler, er trinkt viel zuviel. Wir sind nicht reich, aber zum Leben würde es längstens reichen, wenn er nicht alles Geld in Alkohol umsetzen würde. Nun hat er sogar angefangen, Schulden zu machen und das wenige, das wir haben, zu verkaufen. In meiner Wut habe ich ihm gesagt, wenn du nicht mit Trinken aufhörst, gehe ich weg. Und dann bin ich weggegangen. Als ich am Abend wieder kam, war er weg!

Und er ist weg! schluchzte sie.

Ich versuche, sie zu trösten und verabschiede mich möglichst schnell von ihr. Ich begleite sie zur Treppe und sehe ihr nach, wie sie die Treppe nach unten und über den Platz nach Hause geht.

Ich schliesse die Verandatüre.

Ich hole einmal tief Atem und bin wieder da im Hier und Jetzt. Schnell greife ich zu Block und Bleistift und schreibe mir das Gesehene und Gehörte möglichst genau auf.

Ich lese mein Geschriebenes immer und immer wieder. Die ganze Geschichte löst bei mir nur Kopfschütteln aus. Ich wollte doch Antwort, was mit meinem Bein los ist, und nicht irgend eine Geschichte über eine Beziehungskiste. Wie soll ich der Frau in Litauen auch helfen, ihren besoffenen Mann wiederzufinden. Und wenn er wieder auftaucht, wie soll ich ihm das übermässige Trinken abgewöhnen. Und ihre Beine waren auch ganz in Ordnung. Wirklich, wunderhübsche Beine hat sie. Aber das wollte ich ja nicht wissen, ob in einem kleinen litauischen Dorf eine sympathische, junge Frau hübsche Beine hat. Ich wollte wissen, warum mir mein Bein, ohne medizinische Ursache, weh tut.

Noch einmal schaue ich mir mein Meditationsprotokoll genau an. Wort für Wort analysiere ich die Geschichte. Irgendwo muss eine Antwort sein.

Habe ich meine Frage richtig gestellt? Was wollte ich wissen und was habe ich gefragt?

Ich will wissen, was mit meinem Bein los ist. Ich bitte die Person, die mit den Schmerzen etwas zu tun hat, zu mir auf die Veranda kommen. Deutlicher kann ich die Frage gar nicht stellen.

Also, die Fragestellung ist richtig!

War ich entspannt und ruhig? War ich richtig in der Herzmitte?

Das kann ich sicher mit JA beantworten, denn wenn ich nicht in der Herzmitte bin, wenn ich zu sehr im Kopf (in Gedanken) bin, habe ich keine so klaren Bilder und verstehe die Worte meiner Besucher auch nicht so deutlich. Dieses Mal habe ich gesehen und gehört. Und vor allem das Hören ist bei mir nur möglich, wenn ich ganz zentriert, ganz in meiner Herzmitte bin.

Anuschka kam sofort und ohne Zögern zur Treppe. Ich sah auch noch eine zweite Frau, in altmodischer, holländischer Kleidung, sie näherte sich jedoch nur zögernd der Treppe. Ich werde sie später einmal einladen. So zögernd wie sie gekommen ist, war sie sicher nicht die richtige Person für meine gesuchte Antwort.

Auch im Mich-Vorstellen ist mir kein Fehler unterlaufen.

Die Jahreszahl 1956 habe ich richtig verstanden. Ich habe zweimal nachgefragt und immer hat Anuschka es mir bestätigt. Ich versuche mich möglichst genau an das Jahr zu erinnern. Es war ein ruhiges Schuljahr. Eine schöne, leider viel zu kurze Zeit mit einem Schulfreund. Halt, doch, ganz am Anfang des Jahres, Ende Januar oder Anfang Februar war das. Ein kalter Winter. In den Parks wurden Eisflächen zum Schlittschuhlaufen angelegt, da habe ich mir meinen linken Knöchel verstaucht. Ob dieser kleine Unfall mit Anuschka zu tun hat?

Warum hat mich die Jahreszahl 1956 so verwirrt? Auf die Veranda kommen normalerweise nur eigene Inkarnationspersönlichkeiten. Und wenn Anuschka sagt, dass sie sich in dem kalten Winter von 1956 befindet, also in einem Winter, in dem ich schon Schlittschuh laufen gegangen bin....! Anuschka muss eine Persönlichkeit aus meiner Geistigen Einheit sein und doch lebt sie zur gleichen Zeit wie ich! Sie ist vielleicht 10 bis 15 Jahre älter als ich, aber das ändert nichts an der Tatsache, dass sie zur selben Zeit lebt wie ich!

So, jetzt muss ich mich entscheiden. Will ich zuerst das Geheimnis meines Beines oder das der Doppelleben lüften. Es sind wie getrennte Wege, und ich kann nur einen auf einmal gehen. Mein Bein ist mir diesmal wichtiger. Also gehe ich den „Weg des kranken Beines“.

In Gedanken kehre ich wieder zu Anuschka zurück. Was habe ich gefragt und was gesagt? Und was hat sie mir geantwortet? Warum hat sie mir überhaupt von ihrem Mann erzählt. Ich habe sie nicht gefragt, ob sie verheiratet ist. Ich habe auch nicht nach einem Partner oder Ehemann gefragt. Sollte dieser Ehemann ein Wegweiser sein?

Und er ist weg! Wo ist er? Ist sie nur gekommen, weil er nicht kommen konnte? Warum kann er nicht kommen? Ist er so stockbesoffen, dass er nicht mehr gehen kann, oder ist ihm etwas passiert?

In mir vibriert alles. Dieses Gefühl kenne ich. Diese Reaktion gibt es bei mir, wenn ich sehr erregt, sehr zappelig und nervös bin.

Ein (fast) verbotenes Abenteuer

Trotz Erregung schaffe ich es in meine Herzmitte und auf die Veranda zu gelangen. Dieses Mal ist der Platz leer. Kein Mensch ist da. Ich gehe die Treppe hinunter und stehe auf dem riesengrossen leeren Platz. Mir wird unheimlich. Ich habe Angst so alleine hier zu stehen. Irgend etwas zieht mich zurück zur Treppe. Ich weiss mit einer Gewissheit, dass mein Tun sehr, sehr gefährlich ist. Es ist eigentlich fast verboten. Dieses FAST macht mir jedoch Mut. Ganz ist es also doch nicht verboten!

Ist es Leichtsinn oder Mut, was mich zu diesem Schritt bewogen hat? Ich stehe immer noch unten an meiner Treppe. Wenn ich will, kann ich zurück. Ich muss niemandem Rechenschaft ablegen, warum ich mich für den einen oder anderen Weg entscheide. Nur vor mir selber muss ich es verantworten.

Ich gehe die Treppe zu meiner Veranda wieder hinauf.

Die Angst um Anuschkas Mann lässt mich nicht mehr los. Ich spreche mit meinem Lebenspartner darüber und erkläre ihm, was ich vorhabe und auch meine Gewissheit, dass dieses Tun gefährlich ist. Ich weiss nicht, was für Konsequenzen es hat, wenn ich über den grossen Platz gehe.

Es ist dein Leben!

Er macht mir die Entscheidung nicht leichter. Insgeheim hatte ich gehofft, dass er mir mit einem klaren Ja oder Nein antworten würde. Wie ein Kind hätte ich mich seiner Entscheidung gefügt. Er jedoch spielte mir den Ball wieder zu. Es ist dein Leben! Es ist deine Verantwortung, deine Entscheidung!

Für dieses **Es ist dein Leben!** bin ich ihm wirklich dankbar.

Die grosse Reise

Ich stehe auf meiner Veranda. Abenteuer ausdenken ist eine Seite der Münze. In das Abenteuer einsteigen die andere Seite. Ich nehme all meinen Mut zusammen!

Langsam steige ich die Treppe von meiner Veranda hinunter. Ich habe mir viel, viel Zeit für meine Reise genommen. Eine ganze Woche habe ich mich im Geschäft und bei meinem Partner abgemeldet. Eine Woche Abenteuer mit ungewissem Ausgang.

Unten auf dem grossen Platz
stehe ich und frage mich:
Wohin?

Ich weiss noch ungefähr in welche Richtung Anuschka weggegangen ist. Aber dann...? Ich weiss den Weg zu ihr nicht. Das fängt ja schon gut an. Eine grosse Reise und schon nach einer Treppe ist Schluss. Die „Unendliche Geschichte“ von Michael Ende kommt mir in den Sinn. Sobald Bastian Balthasar Bux etwas ganz Bestimmtes wollte, sobald in ihm ein Wunsch nach etwas erwacht ist, hat ihn sein Weg zum Ziel geführt. Er musste den Weg gar nicht kennen, der Weg führte ihn. Die Unendliche Geschichte ist ein wunderschönes

Buch. Ich bewundere Michael Endes Phantasie. Oder ist das alles gar nicht phantastisch Erdachtes? Hatte er Zutritt zu anderen Bereichen, zu anderen Dimensionen und anderen Welten? Wenn all die Fabelwesen und all die Abenteuer für ihn Realität waren, so wirklich wie am Morgen der Wecker rasselt? Vielleicht treffe ich ihn einmal auf meinen Reisen, dann werde ich ihn fragen können. Aber selber ausprobieren, dem steht nichts im Wege! Na gut, versuchen wir es:

Ich will dahin, wo Anuschka wohnt!

Ich weiss gar nicht, wie ich dorthin gekommen bin. Ist ja auch unwichtig, Hauptsache, ich bin hier in einem kleinen Dorf in Litauen gelandet. Ich stehe vor einem ganz kleinen Häuschen. Ich nehme an, dass dies das Häuschen von Anuschka ist. Ich klopfe an. Niemand ist hier, niemand antwortet. Vorsichtig öffne ich die Türe. In dem einzigen Raum des Hauses herrscht ein wüstes Durcheinander. Schubfächer und Kästen sind aufgerissen. Da liegen noch ein Paar Socken und dort eine Jacke auf dem Boden. Das Bett ist zerwühlt und auf dem Tisch steht eine schmutzige Tasse und ein angebissenes Brot. Aber niemand ist hier.

Schon vor der Türe sind mir die vielen Fussstapfen aufgefallen. Ganz besonders die grossen, die von schweren Stiefeln stammen. Hier in dem Raum kann ich im Moment so oder so nichts tun. Detektiv spielen und privaten Besitz durchsuchen, das ist nicht meine Art. Es reizt mich, diesen Fussstapfen zu folgen. Der

Mensch, der Schuhgrösse nach ein Mann, ging schwankend und unsicher seinen Weg. Im Schnee sind Schleifspuren von seinen Füssen, ob ihm die Stiefel zu schwer waren? Ich folge seiner Spur. Es ist kalt!

Ich will zu dem Menschen, der diese Stiefel trägt.

Oh, es klappt. Ich stehe auf einer Waldlichtung. Das Wort „Waldlichtung“ ist irreführend. Jemand hat hier gewütet und Baum um Baum gefällt. Kreuz und quer liegen die grossen Stämme auf dem Boden. Anuschkas Zimmer fällt mir ein, auch dort lag alles kreuz und quer...

Ein Geräusch stört mich in meinen Betrachtungen. Was war das? Ich lausche. Wieder diese Wimmern und Stöhnen!

Ich will zur Quelle von diesen Tönen!

Vor mir, auf dem Boden, liegt ein Mann. Rings um ihn ist der Schnee Blut durchtränkt. Er wimmert und stöhnt. Er ist viel zu schwach, um irgend etwas zu sagen. Es braucht auch keine Worte.

Mein Bein!

Besser gesagt, die Ursache von meinem Beinproblem.

Er ist ein grosser, schwerer Mann! Hilfe holen? Wolfsheulen lässt mich aufschrecken. Weit weg war das nicht. Also kann ich diesen Mann doch nicht einfach hier liegen lassen und weggehen.

Ein alter Trick aus meiner Pfadfinderinnen-Zeit kommt mir in den Sinn. Ich lade mir den Mann auf den Rücken, gebeugt stemme ich meine Hände auf die Knie, mache einige Schritte und wünsche mich in Anuschkas Haus. Viel länger hätte ich den schweren Mann auch nicht tragen können. Es mutet mich wie in einem Märchen an. Jeder Wunsch, irgendwohin zu kommen, geht in Erfüllung.

Der Mann liegt nun auf dem Bett und ich kann seine Wunde am linken Bein anschauen. Beim Fällen der Bäume ist er abgerutscht und hat sich mit der Kettensäge sein Bein aufgerissen. Erst mal das Blut stoppen! Er ist sehr bleich und zittert vor Kälte. Er muss schon viel Blut verloren haben.

Beim Säubern der Wunde flucht er leise vor sich hin. Diese Flüche! Ich kenn' sie doch! Dieser penetrante Alkoholgeruch!...

Ich sehe mich unten an der Treppe von meinem Laden sitzen. Ich will schreien, aber es ist nicht mein Schrei. Ich rieche Alkohol und Beizenmief, obwohl das hier im Untergeschoss meines Ladens unmöglich ist. Und der kalte Waldduft....

Es muss Anuschkas Mann sein, den ich in sein Haus, in sein Bett geschleppt habe!

Ich versuche, mit dem wenigen, das ich in dem Raum finde, sein Bein zu verarzten.

Ein Geräusch und ein kalter Luftzug lenkt mich von meinem Tun ab. Ich drehe mich um und sehe Anuschka mit wutverzerrtem Gesicht, den Arm hoch erhoben und ein grosses Messer in der Hand. Ich verstehe nicht.... Aber, dass sie es auf mich abgesehen hat, das verstehe ich sehr schnell. Ich springe zur Seite und schreie sie an: *Anuschka, bist du verrückt geworden! Hör sofort mit dem Unsinn auf.* Genauso wie das Weg-Finden und Gehen-wünschen, funktioniert das Sich-übermenschliche-Kraft-Wünschen, auch. Ich halte Anuschkas Hände fest, sie lässt ihr Messer fallen und fängt an zu heulen.

Anuschka, was ist denn in dich gefahren? Was soll das ganze Theater?

Anuschka hat mich gesehen, als ich ihr Häuschen verlassen habe. Sofort ist sie zu ihrer Mutter gerannt und hat ihr alles erzählt. Mutters Rat hätte für mich böse Folgen haben können.

Was willst du in unserem Dorf! Du hast mich angelogen, du bist kein Mensch! Du hast mich lächerlich gemacht. Ich habe alles meiner Mutter erzählt und sie hat mir gesagt, dass du ein böser Geist bist. Nur böse Geister erscheinen uns, oder Engel, und weil du kein Engel bist, bist du ein böser Geist! Heult sie.

Geh! Böser Geist! Geh!

Ich warte, bis sie fertig gezetert hat. Für Anuschka und ihre Mutter bin ich also ein Geist. Und für sie gibt es offenbar nur böse Geister. Schade, böse bin ich doch nicht!

Ein Schrei! ***Petrov!*** Sie stürzt zum Bett, kniet davor nieder und lacht und weint gleichzeitig.

Petrov!

Er ist also die Ursache, all meiner unerklärlichen Phänomene, der Gerüche, der spürbaren aber nicht sichtbaren Verletzung. Jetzt verstehe ich auch, warum das Wort „Kettensäge“ in mir, seit ich mich erinnern kann, einen Angstschauer ausgelöst hat. Ob er auch an meinem kurzfristigen Alkoholproblem mitbeteiligt war. Eine wirre Zeit, die bei mir immer ein Fragezeichen zurückgelassen hat. Von einem Tag auf den anderen war ich vom Alkohol abhängig. Kein Abend verging, ohne dass ich nicht schwer angeschlagen nach Hause kam. Oft habe ich den Heimweg überhaupt nicht mehr gefunden. Vier Monate später verschwand meine „Sucht“, wie sie gekommen war, von einem Tag auf den anderen.

So viele kleine Episoden aus meinem Leben kamen mir in Erinnerung. Petrov und ich müssen auf der Lebensuhr unsere Leben sehr nahe beieinander haben. Unsere Lebensfilme sind sicher auf demselben Regal gelagert.

Langsam erholt sich Anuschka von ihrem Tobsuchtsanfall und ihrer Wiedersehensfreude. Jetzt können wir die Situation auch zusammen besprechen. Was ist zu tun? Petrova bräuchte etwas kräftigendes zum Essen. Im Hause ist nichts mehr, auch kein Geld. Und der Kaufmann im Dorf? Der gibt schon lange keinen Kredit mehr. Der Schuldenberg ist viel zu hoch. Ja, da ist guter Rat teuer. Ich kann mich ja in Anuschkas und Petrovas Zeit und Ort versetzen, aber ob ich auch Geld dorthin bringen kann. Ich weiss es nicht. Und ob der Kaufmann mit Schweizer Franken etwas anzufangen weiss? Die Zeit drängt. Ich gehe lieber selber zum Kaufmann und bitte ihn noch einmal um seine Hilfe. Ich verspreche ihm, dass Petrova ganz sicher seine Sucht überwinden kann und das geschuldete Geld zurückzahlen wird. Aber erst muss er wieder gesund werden. Der Kaufmann ist wirklich ein liebenswürdiger Mensch, nicht nur, dass er grosszügig den Zahlungstermin auf viel später verschiebt, sondern er gibt mir auch eine grosse Tüte mit gutem Essen mit, als Geschenk und für einen neuen Start in eine alkoholfreie Zeit.

Danke, lieber Kaufmann.

Ich glaube, ich kann die zwei jetzt einige Zeit allein lassen. Petrov hat mir ganz fest versprochen, bis zu meiner Rückkehr keinen Tropfen Alkohol mehr zu trinken.

Ich wünsche mich nach Hause.

Mein Körper hat selber für sich gesorgt. Ich liege auf meinem Bett und bin mollig warm zugedeckt. Die Reise war anstrengend. Ich weiss nicht, wie lange ich unterwegs war. Erschöpft schlafe ich ein.

Das Doppelleben

Lange genug bin ich nun dem Weg „des kranken Beines" gefolgt. Viel Wissen und viele Antworten hat er mir gebracht.

Ganz höhnisch lacht mein kleiner Besserwisser.
Ja, ja, viele Antworten.... und wo, bitte schön, hast du die Antwort für die Gleichzeitigkeit? Das ist doch alles Quatsch, du vergeudest deine Zeit mit Phantastereien. Petrova, Litauen, Wolfsgeheul! Hast du noch mehr solche Dummheiten auf Lager. Du würdest dich lieber im Laden nützlich machen, als hier rumzuhängen und....

So, genug! Jetzt schweig endlich. Meine linke Hirnhälfte läuft wieder einmal auf Hochtouren. Überschäumende Phantasie, schlechtes Gewisssen, Zeitverschwendung und Spinnereien will er mir unterschieben. Das sind doch die lieben, kleinen Dinge, die mir schon in der Kindheit zum Vorwurf gemacht wurden. Ich gebe ja zu, vielleicht war es wirklich nur ein heulender Hund und kein Wolf, aber so kleinlich wollen wir ja nicht sein.

Mein Partner hat mir gesagt: Es ist dein Leben. Also lasst mich bitte in Ruhe. Wie ein Hund, der aus dem Wasser kommt und sich das Fell trocken schüttelt, schüttle ich alle Schuldgefühle, das schlechte Gewissen, alle Zweifel und meine ganze Unselbständigkeit aus meinem Kopf.

Wie lange sitze ich schon hier und schlage mich mit diesen doofen Gefühlen und Gedanken herum!...

Versonnen betrachte ich meine Schreibtischuhr. Donald Duck hält ein grosses Zifferblatt in der einen Hand. Ganz energisch-erzieherisch schaut er mich an und zeigt mit der anderen Hand auf die Uhr. Er schaut mich an, ungeduldig, streng. Die Uhr? Die Zeiger, die ganz langsam vorrücken.... Die Mitte, da wo die Zeiger befestigt sind.... Ein kleiner Ring ist diese Mitte, er dreht sich nicht mit den Zeigern..... Die Mitte dreht sich nicht mit den Zeigern..... mit den Zeigern.....

Wie ein Echo tönt es in mir nach. Donald schaut böse. Tut mir leid Donald, ich kapiere heute ein bisschen langsam. Bitte, die Geduld nicht verlieren!

Wann kapiere ich endlich, dass ich aus der Herzmitte heraus viel besser verstehen kann. Als ob das In-die-Herzmitte-Gehen so anstrengend wäre: Einatmen Herzmitte, ausatmen und sich niederlassen!

Zeiger, der Name sagt es schon, zeigen etwas. Sie zeigen auf die Zahlen auf dem Zifferblatt.

Die Lebensuhr!

Jede Zahl, jede Minute, jede Sekunde zeigt ein Leben an. Ein Leben einer Seelenzelle meiner Geistigen Einheit; ein „früheres“ Leben von mir; ein anderes Leben von mir; eine Inkarnation. Die MITTE, die steht still, sie dreht sich nicht, braucht keine Zeit, ist einfach da, ohne Bewegung, ohne Zeit... Die MITTE!

Jede Zahl **ist** auf dem Zifferblatt. Sie erscheint nicht erst, wenn der Zeiger auf sie zeigt, sie verschwindet auch nicht, wenn sich der Zeiger der nächsten Zahl, der nächsten Inkarnation zuwendet.

Es ist fast so, wie wenn wir auf der Spitze des Zeigers sitzen würden. Wir kommen, werden geboren, wenn sich der Zeiger auf die Zahl zu bewegt und wir gehen, wir sterben, wenn sich der Zeiger wieder von der Zahl weg bewegt. Ein Aufleuchten, ein Erlöschen. Wenn wir uns jedoch die Ganzheit anschauen, so sind alle Ziffern da.

Alle sind gleichzeitig da. Über die Zahl fünf krabbelt eine Fliege, die Eins weiss davon nichts, doch die MITTE, die hat es gesehen. Sie sieht alle Ziffern, alle Leben sind für die MITTE gegenwärtig und immer da. Und wenn wir in der MITTE sind? Genau so wie für die MITTE sind auch für uns alle Leben, alle unsere Inkarnationen gegenwärtig und sichtbar. Auch wenn ich dieses Mal nicht bei der Fünf inkarniere, kann ich von der MITTE aus die Fliege sehen und kann verstehen, warum sich die Fünf schüttelt. (Um die Fliege loszuwerden!)

Vielleicht ist die Uhr deshalb ein Kultobjekt, weil sie uns unbewusst immer an die Gleichzeitigkeit aller Leben, die Zeitlosigkeit erinnert?

Die Geistige Einheit

Um die Geistige Einheit, die Ganzheit besser verstehen zu können, machen wir uns ein Bild davon. Die Geistige Einheit ist eine Wesenheit und besteht wie unser Körper aus unzähligen einzelnen Zellen. Wie jede Körperzelle ihr eigenes Bewusstsein hat, hat auch jede Geist-Zelle / Seele ihr Bewusstsein. Jede Körper-Zelle hat ihre Aufgabe, jede erfüllt ihr Soll. Und die Geist-Zellen? Auch die haben ihre Aufgaben und die sollten sie erfüllen. Sollten! Und da kommt doch so ein kleiner Besserwisser daher und meint, er wüsste es besser. Unser Intellekt steht unserer Seele im Weg. Dick und feist steht er vor der Aufgabe und deckt sie teilweise zu. Er steht zwischen uns und unserer Seele. Wir haben fast keinen Kontakt mehr zu unserer Seele, wir können sie nicht mehr hören und sie nicht mehr verstehen. Wir können unsere Aufgabe nicht mehr erkennen. Und das Resultat ist uns nur zu gut bekannt: Krankheit, Leiden, Verwirrung, Langeweile, Unzufriedenheit, Streitsucht und Unbeherrschtheit sind nur einige wenige Auswirkungen.

Die Seele versucht immer wieder mit uns in Kontakt zu treten und uns an die gewählte Aufgabe zu erinnern. Wir wollen oder können sie nicht verstehen.

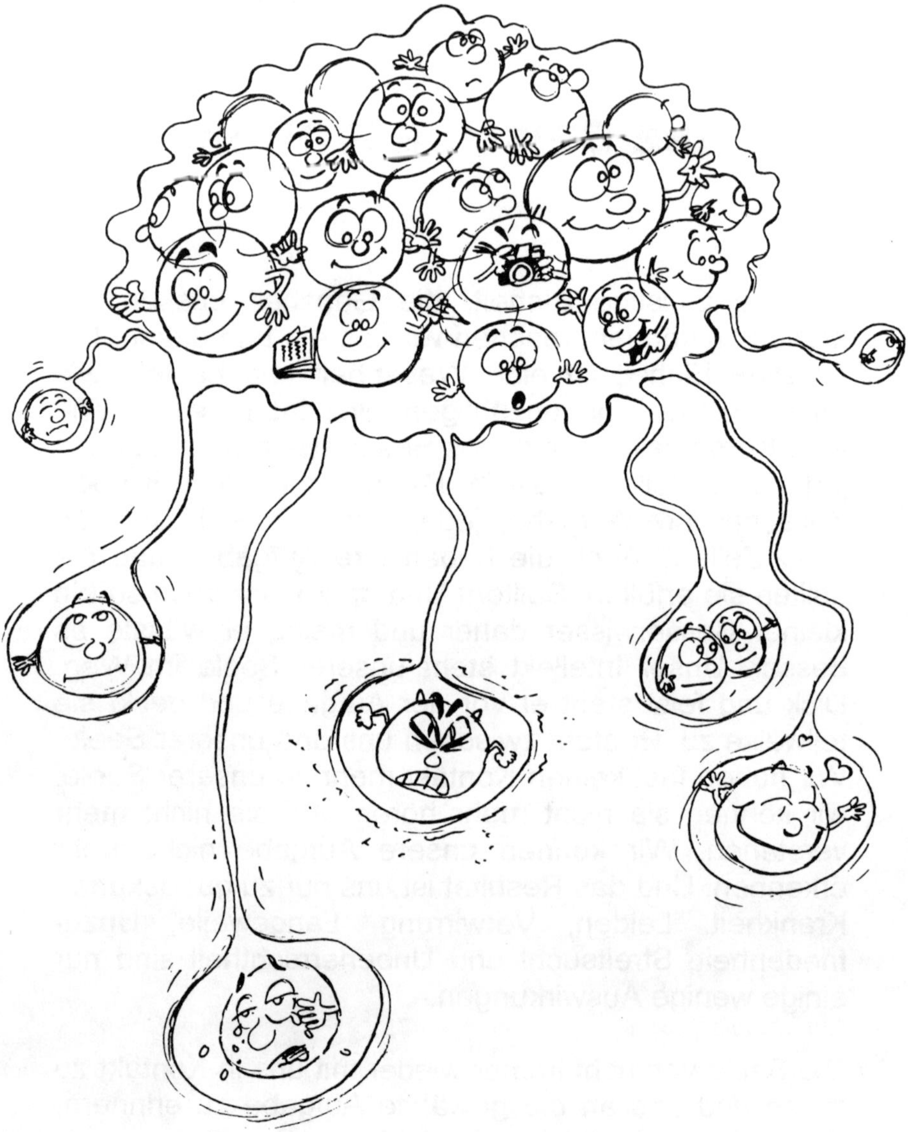

Die Seele will nicht, dass wir leiden, aber sie will, dass wir sie verstehen.

Ihr ist es nicht mehr wohl in unserer Haut. Immer heftiger und lauter versucht sie, uns ihre Bedürfnisse und ihre Wünsche mitzuteilen.

Ja, ganz einfach: Die Seele braucht unseren Körper als Sprachrohr. Wer nicht hören will, muss fühlen. Die Sprache der Seele, was sie uns mit welchem Leiden sagen möchte, habe ich im Buch, Liebesgeflüster mit deiner Seele, ausführlich beschrieben.

Dieses Nicht-mehr-erkennen-Können, lässt uns wie in einem stockfinsteren Raum herumtappen. Das Wissen um das Woher und das Wohin ist für uns Menschen verloren gegangen. Dieses Nicht-mehr-Wissen ist für uns verwirrend und beängstigend. Wir klammern uns an unsinnigen Gedankenmustern und irrigen religiösen Leitsätzen fest. Je mehr wir uns anklammern, desto weniger können wir erkennen. Diese Frage nach dem Woher und Wohin ist für viele zur grossen, lebenserfüllenden Suche geworden. Dieses Blind-Sein, dieses Nicht-mehr-Wissen führt uns so oft in die Irre.

Die Geistige Einheit hat sich ein Lernthema vorgenommen. Sie will diesen Lernstoff in seiner ganzen Fülle und bis ins kleinste Detail erfahren und erforschen. Über Jahrhunderte, Jahrtausende hinweg sind Seelen auf dem Weg, um die gewünschten Erfahrungen und „Erfühlungen“ zu dem auserwählten Thema zu machen. Bei einem Puzzle entsteht durch viele kleine Einzelteile ein ganzes Bild. Genau so viele kleine Unterthemen, Aufgaben und Erfahrungen führen schlussendlich zur Erarbeitung und Bewältigung der von der Geistigen Einheit gewählten Aufgabe.

Im ganzen, gut funktionierenden System hat sich jedoch ein Fehler eingeschlichen. Unser kleiner Besserwisser nimmt sich viel zu wichtig. Durch sein Aufgebläht-Sein wird die Seele behindert und kann ihre Aufgabe nur noch teilweise erfüllen. Sie durchläuft deshalb nur einen Teil der geforderten Erfahrungen und verpasst einen grossen Teil von dem, was sie sich vorgenommen hat.

Manches Mal bin ich richtig wütend auf diesen kleinen Besserwisser. Durch sein ewiges Dazwischen-Reden, Dazwischen-Funken verursacht er mir so viel Leiden. Die Seele müsste sich nicht so heftig melden, wenn ich besser verstehen könnte!

Vielleicht ist es auch der Wille oder der Wunsch unserer Geistigen Einheit, dass sich unser Intellekt aufbläht und Störsender spielt. Durch das Nicht-Erkennen der Aufgabe wird das Spektrum der Erfahrungen viel breiter. Dadurch brauchen viele Seelen viele Leben, um ein kleines Themas zu bearbeiten und zu bewältigen.

Für meine linke Hirnhälfte ist diese Art des Erfahrens reine Zeitverschwendung. Aber Zeit, wie wir sie kennen, ist nur für sie in dieser Struktur vorhanden. In der Ganzheit gibt es keine Zeit, somit natürlich auch keine Zeitverschwendung. Wir haben die Unendlichkeit zur Verfügung.

Auf meiner Veranda habe ich mit einigen meiner Seelenbrüdern und Seelenschwestern Kontakt aufnehmen dürfen. Petrova ist nicht der einzige, der mit Alkoholproblemen zu kämpfen hat. Mir scheint, dass Alkohol doch ein Unterthema des gewählten Hauptthemas ist.

Der hellstrahlende Mensch, der ganz am Anfang auf meine Veranda gekommen ist, hat mir ja zu verstehen gegeben, was meine Seelenaufgabe ist Und ich wollte weder hören noch sehen und schon gar nicht wissen und erkennen.

Umwege sind da, dass wir sie gehen können!

ZIEL
UMWEG

Mein Besuch in Amerika

Immer wieder steht die Frage der Gleichzeitigkeit im Raum. Immer wieder lässt mich mein kleiner Besserwisser an meinen Erfahrungen zweifeln, immer wieder verlangt er neue Beweise. Und ich glaube ihm und mache mit.

Wieder einmal bereite ich mich auf ein Abenteuer mit ungewissem Ausgang vor.

Ich bin in der MITTE. Dieses Mal habe ich die MITTE und nicht die Veranda als Ort der Begegnung gewählt.

Ich weiss nicht, ist die Idee zu diesem Abenteuer ein Produkt meines Intellekts, der mir beweisen möchte, dass so etwas nicht geht, das heisst beweisen, dass die Gleichzeitigkeit nur in meiner Phantasie besteht. Oder ist es wirklich ein möglicher Weg, um die Gleichzeitigkeit verschiedener Leben aus einer Geistigen Einheit zu erleben.

Ich bin in der MITTE. Von hier aus kann ich auch in mein Leben sehen. Im Moment sehe ich meinen still sitzenden Körper, ruhend, in Meditation. Also wart' mal schön, mein lieber Körper, ich hoffe, ich bin bald wieder zurück!

Dieses Mal war mein Wollen stark genug. Fast immer, wenn ich ausserhalb meines Körpers bin und zu meinem Körper zurückschaue, zieht es mich wieder gewaltsam zurück. Und bevor ich irgend etwas sagen kann, ist meine Reise zu Ende. Es ist ja gut, dass die Anziehungskraft unseres Körpers so stark ist, auf Astralreisen kann es passieren, dass wir gar nicht zurück wollen oder den Rückweg nicht mehr finden.

Ich winke meinem Körper noch einmal zu und schaue in eine andere Richtung.

In einem anderen Leben sehe ich ein nettes Haus mit grossem Garten an der Westküste von Amerika. Zwei Kinder spielen in diesem Garten, ein Mädchen und ein Knabe. Sie erinnern mich sehr an meine Kinder. Ich konzentriere mich auf dieses Haus.

Oh, was ist denn das? Durch das Dach schwebt sanft ein geistiger Körper. Genauer schaue ich hin: Der Vater der Kinder! Vermutlich befindet er sich im Zustand des Schlafes oder der Meditation und sein geistiges Ich hat sich vom physischen Körper gelöst. Ein ganz natürlicher Zustand. Jede Nacht, im Tiefschlaf, löst sich unser feinstofflicher Körper von unserem grobstofflichen Körper. Ein sehr wichtiger, natürlicher Prozess, nur leider (oder zum Glück?) sehr selten sichtbar. Dieses Austreten während der Tiefschlafphasen ist zur Regeneration von Körper, Psyche und Seele notwendig. Wird jemand zu lange am Schlafen gehindert, leidet seine Psyche und er wird psychisch krank. Das Übernächtigt -Sein, Einen- „Kater"-haben entsteht durch zu wenige oder zu kurze Tiefschlafphasen. Unser ganzes Ich kann sich dann zu wenig erholen und sich nicht regenerieren.

Der feinstoffliche Körper des Vaters der Kinder geht nur ein bisschen.... spazieren kann man dem ja nicht gerade sagen, man müsste fast ein neues Wort dafür kreieren. Vielleicht schwebieren? (*Schweb*-en und spaz-*ieren*).

Ich fliege auf den Vater zu. Wir sehen uns an, ein Funken des Erkennens, zwei alte Bekannte, obwohl wir uns noch nie gesehen haben. Ein Nachbar auf meiner Lebensuhr! Im feinstofflichen Bereich erkennen wir unsere Seelenpartner sehr schnell. Im grobstofflichen Bereich, im Alltag, ist das Erkennen nicht immer so schnell und eindeutig. Sicher bist auch du schon jemandem begegnet, und im ersten Moment war ein Erkennen. Doch dann funkt der Kopf, unser kleiner Besserwisser, dazwischen und behauptet doch ganz frech: *Du hast dich getäuscht, diese Person kennst du hundertprozentig nicht!* Und schon ist der Moment des Erkennens vorbei. Je mehr du in deine Mitte kommst, je mehr du deine Feinstofflichkeit und deine Ganzheit kennenlernst, desto mehr kannst du erkennen. Auch du hast Menschen in deiner Nähe, die aus deiner

Sippe sind. Selten sind jedoch Familienangehörige, Partner, Kinder, Eltern aus der gleichen Geistigen Einheit.

Bei Seelenpartnern braucht es nicht viel Worte, um sich zu verstehen.

Darf ich mal? — Gross schaut er mich an: *Wenn das geht. Dann will ich auch*!

Ich führe ihn zur MITTE, zeige ihm die Lebensuhr, die vielen Leben einer Geistigen Einheit. Ich zeige ihm mein Leben und meinen immer noch in Meditationshaltung sitzenden Körper. Bevor ich noch irgend etwas sagen kann, ist er schon in meinem Körper drin. Ja bei Petrova und Anuschka habe ich gelernt, wie schnell sich Wunschgedanken erfüllen.

Frecher Kerl! Aber ich habe ihm ja diesen Vorschlag gemacht. Also kein Grund um wütend zu werden, auch wenn er mir zuvor gekommen ist.

Ich kehre mich wieder dem Haus in Amerika zu. Ich möchte auch wieder einen Körper haben! Und schon zieht es mich zum Haus hin, durch das Dach ins Schlafzimmer, wo Papa ein gemütliches Schläfchen hält.

Mein Wunsch, die Körper zu wechseln, ist somit in Erfüllung gegangen. Wünsche sind Kräfte, die wir nicht unterschätzen dürfen. Jeder Wunsch, und ist er noch so nichtig und absurd, muss sich irgend einmal erfüllen. Vielleicht nicht in unserem Leben, sicher aber in **einem** Leben von unserer Geistigen Einheit.

Ich wache auf. Ich als Mann! Das fühlt sich schon ein bisschen fremd an. Zum Glück ist so ein physischer Körper sehr autonom und selbständig. Er weiss genau Bescheid in dem Haus und mit den Alltäglichkeiten. Aha, Papa ist Herr mit Krawatte. Die Krawatte engt mich ein. Arme Männerwelt, die sich so ein Ding zumutet. Mama zu küssen befremdet mich ein bisschen. Aber auch das tut mein Papa-Körper automatisch. Meine tiefe Stimme hat mich am Anfang ganz schön erschreckt.

Mike hat das schlechtere Los gezogen als ich. Ich bin an einem Sonntag in seinem Körper gelandet und so wunderten sich nur Mama und die Kinder über die Veränderung ihres Papas. Mike musste sich schon mehr anstrengen, hat er doch einen lebhaften Verkaufsalltag zu bewältigen. Zum Glück gibt es Kopfschmerzen, die wir immer als Grund für jegliche Unzulänglichkeiten vorschieben können. Und der Tag hat ihm doch recht Spass gemacht.

Nachts, beim natürlichen Austritt aus dem Körper, haben wir uns wieder zurück gewechselt.

Mike und ich trafen uns noch oft und haben noch manches Mal unsere Körper gewechselt. Irgendwann hat dieses Tun den Reiz des Neuen verloren. Immer seltener trafen wir uns, bis diese heimlichen Treffen ganz aufhörten.

ZZZ

Ein Wiedersehen mit Folgen

Ich fühle mich krank. Ich habe einen supermodernen Fiebermesser, aber heute hat das Fiebermessen gar keinen richtigen Spass gemacht. Und dann..... Ich hätte es mir ja denken können: Nicht einmal Fieber! Und vom Gefühl her müssten es doch mindestens 39 Grad sein. Wer wohl wieder Störsender spielt? Immer öfters lebe ich Krankheit einer anderen Inkarnations-Persönlichkeit aus. Jetzt reicht es mir. Ich bin doch nicht der Mistkübel der Nation!

Knurrend gehe ich auf meine Veranda.

Ich frage die vielen versammelten Menschen:
Wer macht mich krank?

Keiner meldet sich.

Noch einmal stelle ich meine Frage, ein bisschen energischer als vorher! Schaue mich um. Wieder niemand!? Sollte es tatsächlich meine eigene Krankheit sein?

Ganz leise höre ich jemanden rufen.... Das ist ja Petrova!

Ihn habe ich fast vergessen, obwohl mein Bein in letzter Zeit wieder mehr schmerzt und ich wieder das nächtliche Phantom-Blutfliessen habe. Wenn ich mich doch nur an mein Viertelstündchen halten würde. So schnell ist man versucht zu sagen: Das habe **ich** doch nicht nötig. Achtet auf die Zeichen! Ich hätte mir meine Veranda - Meditation ersparen können, die Zeichen waren klar genug! Phantom-Blutfliessen, dunkle Flecken und Schmerzen. Ich hab mich nur über den Schmerz und mein Unwohlsein geärgert, aber an Petrov habe ich nicht gedacht.

Ich bedanke mich bei den vielen Menschen, dass sie gekommen sind und schicke sie wieder nach Hause.

Dieses Mal sind meine Reisevorbereitungen sorgfältiger. Beim Verlassen der Veranda schliesse ich die Türe hinter mir zu. Der Tobsuchtsanfall von Anuschka hätte böse Folgen haben können. Unser physischer Körper ist nicht geschützt, wenn der feinstoffliche Körper nicht in ihm ist. Unser physischer Körper kann Verletzungen davontragen, auch wenn er bei einem feinstofflichen Unfall oder einer eventuellen astralen Schlägerei gar nicht beteiligt ist.

Ich stehe unten auf dem grossen Platz und wünsche mich zu Anuschka und Petrov. Leider erschrecke ich die zwei mit meiner plötzlichen Anwesenheit. Ich hätte mich vor die Türe wünschen müssen und dann wie ein normaler Mensch anklopfen. Ich muss noch lernen, meine Wünsche genauer zu definieren.

Petrova liegt mit hochrotem Kopf im Bett. Anuschka sieht auch irgendwie verstört aus. Ich habe sie doch hoffentlich nicht zu sehr erschreckt? Nach einer kurzen Begrüssung weiss ich die Ursache der Aufregung. Petrova hat Fieber. Hohes Fieber und sein Bein hat angefangen zu eitern. Da ist guter Rat teuer. Die ärztliche Betreuung dieser Gegend ist eher spärlich. Und die notwendigen Medikamente sind viel zu teuer und auch fast nicht zu bekommen.

Ich überlege mir, was für Möglichkeiten es gibt.
Mich in eine Apotheke wünschen, das Medikament mitnehmen und es Petrova bringen? Ich glaube, dem würde man Diebstahl sagen.

Meinen Arzt aus dem neunzehnten Jahrhundert herholen? Dann schon lieber die Nonne, sie wüsste mit Heilkräutern umzugehen. Und woher diese Kräuter nehmen, es ist ja tiefster Winter.

Der Magus von Strovolos, der Heiler aus Zypern kommt mir in den Sinn. Kyriacos C. Markides beschreibt in seinen Büchern wie der Heiler und Lehrer Daskalos, Stylianos Atteshlis, einer krebskranken Frau helfen konnte. Er nahm kurz entschlossen den Krebs in sich auf. Die Frau war von dem Geschwür befreit und weil Daskalos nicht das gleiche Problem wie diese Dame hatte, konnte er das Geschwür in sich auflösen.

Das wäre vielleicht die Lösung?

Ich verabschiede mich von Anuschka und Petrov, weil ich vermutlich ziemlich plötzlich weggehen werde. Ich leg mich neben Petrov auf das Bett. Jetzt muss ich gut aufpassen, dass ich den richtigen Zeitpunkt nicht verpasse. Langsam fange ich an, Petrovs Krankheitssymptome in mich einzusaugen. Immer mehr und mehr übernehme ich von seinem Körper. Bevor ich mich zu schwach und zu krank fühle, wünsche ich mich nach Hause. Dieses Mal dauerte es zwischen dem Wünschen und dem Zu-Hause-Sein viel länger.

Krankheit verzögert also die Wirkung eines Wunsches. Solche Erfahrungen faszinieren mich. Normalerweise starte ich nach einer solchen Beobachtung meistens einige Testversuche. Heute verzichte ich jedoch freiwillig auf einen Versuch. Mein ganzer Körper schmerzt. Mühsam schleppe ich mich ins Bad und behandle meine nicht vorhandene Wunde. Vielleicht hilft das.

Ich liege im Bett und fühle mich elend. Habe ich doch zu viel auf mich genommen? Mit allen mir bekannten Techniken versuche ich meinen Körper vom Kranksein zu reinigen. Plötzlich verkrampft sich mein Körper. Mein Kopf wird nach hinten gezogen. Ein fast nicht aushaltbarer Schmerz. — Wundstarrkrampf! Eine Komplikation nach einer Verletzung, mit der ich mich leider noch nie befasst habe. Mein Körper spielt verrückt und ich kenne den Ablauf dieses Zustandes, dieser Krankheit nicht. Ein Mediziner könnte mir helfen, den Ablauf der Krankheit und der Symptome zu erklären. Bis ich ihm jedoch erklärt hätte, was für ein Problem ich habe, wäre es für mich schon zu spät, um noch etwas zu tun. Also kein Arzt, er würde mir nicht glauben und mich nicht verstehen. Wundstarrkrampf ohne Wunde gibt es nicht. *Medizinisch keine sichtbaren Unfallfolgen!*

Mit letzter Kraft rufe ich meinen Arzt und meine Nonne aus dem letzten Jahrhundert an. Ich weiss nicht, ob ich ohnmächtig geworden bin oder ob die Hilfe meiner zwei lieben Freunde so schnell gewirkt hat. Als ich wieder aufwachte, war der Spuk vorbei. Alles tat mir noch weh. Aber ich hatte die Gewissheit, der Starrkrampf ist vorbei und mein Körper hat überlebt.

Längere Zeit war mein Körper stark reduziert. Langsam erholt er sich wieder. In Zeiten des Krankseins und in den Erholungsphasen bin ich ganz brav. Keine Experimente, keine Versuche, kein bewusstes Austreten aus dem Körper. Das bin ich meinem lieben Körper schuldig. Er wird sonst noch genug von mir gefordert. Ob feinstoffliche oder grobstoffliche Abenteuer, sie sind fast immer strapaziös.

Drei Wochen war der Frosch so krank!
Jetzt raucht er wieder, Gott sei Dank!

Wilhelm Busch

Diese Erfahrung hat meine Warnsystem in Betrieb gesetzt. Ich habe schon öfter Krankheit von anderen Menschen übernommen. Das Ganze war für mich immer so eine kleine Spielerei.

Jeder hat seine Liebhabereien. Die einen gehen auf Jahrmärkten auf die Bahnen und lassen sich kräftig durchschütteln, andere fahren viel zu schnell Auto und wieder andere treiben Extremsport. Alle wollen ihren Spass und ihren Nervenkitzel haben.

Ich fühlte mich stark, jeder Krankheit überlegen. Ich wollte testen, wie viel ich von anderen übernehmen kann und wie schnell und mit welcher Technik ich die Krankheitssymptome auflösen kann. Doch dieses Mal war die Krankheit fast stärker als ich. Sie hat mich, mehr als mir lieb ist, durchgeschüttelt.

Das Aufnehmen und/oder Übernehmen von Krankheit ist kein Muss. Willentlich kann man jedesmal Ja oder Nein dazu sagen. Niemand wird dazu gezwungen. Freude und Spass müssen die Grundlage sein.

Und einen Heiligenschein bekommen wir auch nicht dafür.

Du möchtest auch anderen helfen und Krankheit übernehmen? Überlege dir zuerst gut, was deine Motivation ist:
Mitleid — Helferitis (immer allen helfen wollen) — oder das Gefühl, *wenn ich Krankheit übernehme, bin ich besonders gut — lieb — schon fast heilig — das bin ich meinen Mitmenschen schuldig — Schuldgefühle* — sind keine guten Grundlagen. Auch eine Opferrolle

übernehmen oder den Helden spielen wollen sind leider alles Gründe, die dir schaden werden.

Hat deine Seele beim Ämtchen-Verteilen den Auftrag zum Heilen zugewiesen bekommen? Wenn deine Aufgabe wirklich „für andere dasein" ist, dann ist auch das Krankheit-Übernehmen (fast) ungefährlich und etwas Selbstverständliches. Solange dich Kranksein jedoch noch ängstigt, der Griff zu einem „helfenden" Medikament noch da ist oder du dich während des Leidens bemitleidest, ist deine Zeit als Lastenträger (tragen von Krankheit und karmischer Last des anderen) noch nicht gekommen. Es ist auch wichtig, genau zu erkennen, wann Hilfe eines Arztes, eines Naturarztes, eines Heilers oder eines Medikaments notwendig und richtig ist.

Das Übernehmen muss eine solche Selbstverständlichkeit werden und sein wie das Atmen. Du tust es, ohne zu merken, dass du es tust. Ganz selten registrierst du noch, ich atme, oder ich übernehme Krankheit. Sei vernünftig!

Und was ist mit Petrova?

Als ich wieder kräftig genug war, habe ich ihn erneut besucht. Er war noch nicht ganz gesund, hat aber seine schwere Krankheit erstaunlich schnell überstanden. Er hatte keine Starrkrampf-Symptome, jedoch hat das hohe Fieber dem schon geschwächten Körper sehr zu schaffen gemacht.

Fieber und Entzündung deuten immer auf (unterdrückte) innere Wut hin. Der linke Fuss und das linke Bein haben mit Standfestigkeit und Sich-Durchsetzen im Arbeitsbereich zu tun.

Ich erkläre Petrova einige Übungen, wie er seine übermässige Wut, die er in sich hat, bearbeiten kann und sie (die Wut) nicht weiter im Alkohol ersäufen muss.

Auch ist es sinnlos, unterdrückte Wut mit Fieber und Entzündung auszuleben. Auch das lohnt sich nicht, damit schaden wir nur uns selber.

Sehr wirksame Wutabbau-Übungen habe ich in dem Buch: Antwort deiner Seele, im zweiten Teil; Das Unterbewusstsein und im Buch: Klang der Wahrheit, erster Teil; Fehler Nummer 7, erklärt.

Wut und mögliche Ursachen

Wut, innere Wut kann sehr viele verschiedene Ursachen und Quellen haben. Zum Bearbeiten der Wut ist es sehr hilfreich, wenn wir die Ursache kennen. Sehr oft erkennen wir nur die „Sekundär-Ursache“ und nicht die wirklichen tiefen Wurzeln.

Wenn uns etwas wütend macht, lohnt es sich, einmal das ganze bisherige Leben zu durchsuchen. Wann, wo und mit wem kamen ähnliche Situationen vor? Vielleicht erkennen wir schon mit dieser kleinen

Suchaktion die Ursache. Gedanken an Erlebtes, das uns heute noch die Galle hochsteigen lässt, sind sehr nützliche Hinweise auf Nicht-Bearbeitetes.

Wenn die Galle hochkommt, haben wir Magenschmerzen, Magenbrennen, saures Aufstossen, entzündete und/ oder verätzte Mundschleimhaut. Seltener auch Hals- und Schluckbeschwerden.

Eine Übung, um die Ursache zu entfernen.

Dazu brauchst du Ruhe und ein ungestörtes Plätzchen.

— Aus der Herzmitte heraus geht es viel besser.—

Stell dir vor, vor dir brennt ein grosses Feuer. Und nun stellst du dir vor, mit einer feinstofflichen Hand fasst du dich am Haarschopf und hebst deine Schädeldecke wie einen Hut hoch. (Funktioniert auch mit Glatze!) Nun nimmst du mit der anderen von dir vorgestellten, feinstofflichen Hand eine Klammer, eine Zange oder eine Pinzette und holst aus deinem Hirn, deinem Kopf die Ursache deiner Wut heraus.

Es ist nicht so tragisch, wenn du die Ursache nicht weisst, dann denkst du einfach: **Jetzt nehme ich DIE URSACHE heraus**. Weisst du die Ursache, holst du die spezielle Szene oder Begebenheit aus deinem Hirn. Stell dir nun vor, du wirfst diese Ursache in das Feuer und lässt sie verbrennen. Anschliessend füllst du deinen Kopf mit Licht und Freude. Schädelhut, Kopfdeckel wieder aufsetzen und tief Atem holen.

So, da bist du wieder.

Hast du vielleicht eine Szene aus deiner Kindheit gefunden, bei der dir jemand immer und immer wieder gesagt hat: das kannst du nicht, du bist viel zu dumm dazu! So nimm eine dieser Szenen und wirf sie ins Feuer. Und diesen Jemand gerade mit dazu. Es geht bei dieser Übung darum, die Bilder, die in deinem Unterbewusstsein verborgen sind und die dich immer wieder blockieren, behindern, stören und unverständliche Wut in dir auslösen, zu zerstören. Beteiligte Personen, die auf diesen Bildern sind, werden von deiner Reinigungsverbrennungsaktion nichts spüren. Wenn du alte Fotos verbrennst wird niemand, der auf diesen Fotos abgebildet ist, durch die Zerstörung der Bilder belästigt. Auch feinstoffliche Bilder können und sollen bedenkenlos verbrannt oder zerstört werden.

Diese Übung kann leichte Kopfschmerzen, Übelkeit oder Fieber hervorrufen. Keine Angst, etwas besseres kann dir gar nicht passieren, denn das sind Anzeichen, dass du ein grosses Stück deiner Wut verbrannt hast.

Eine zweite brauchbare Übung

Bei deinem täglichen Geschäftchen stellst du dir vor, dass du mit dem Abfall deiner Verdauung auch allen Abfall deiner Gedanken heraus drückst. Alles, was dich geärgert hat und alles, was dich wütend gemacht hat, ist so oder so Abfall und kann nicht mehr gebraucht werden. Dieser Mist ist auch einen kleinen Drücker wert, jetzt spülen und der Dreck, die Wut, der geistige Kot ist weg. Diese Reinigung ist genau so wichtig wie Zähneputzen.

Zwischen den Räumen

Nimm das Bild der Lebensuhr. Von jedem Leben aus geht eine Verbindung zur MITTE. Jedes Leben ist somit mit jedem Leben verbunden. Wenn du einen Faden eines Spinnennetzes nur ganz fein berührst, schwingt jeder Faden im ganzen Netz mit. Gibt es in deinem jetzigen Leben eine Bewegung, ist jedes Leben deiner Geistigen Einheit davon betroffen.

Bei übermässigem Schmerz, Katastrophen oder Schockerlebnissen flieht der feinstoffliche Körper aus dem grobstofflichen Körper. Beim Zurückkommen, kann es passieren, dass vom grobstofflichen Körper grosse Partien blockiert sind und der feinstoffliche Körper sich nicht mehr ganz mit dem fleischlichen Leib verbinden kann.

Durch ein Schockerlebnis, das kurz vor meiner Alkoholzeit passierte, war ich nicht mehr so stark mit meinem physischen Körper verbunden. Ich war im wahrsten Sinne des Wortes „verrückt" (verschoben). Durch dieses Verschieben, dieses Verrücken waren meine Wahrnehmungen nicht mehr ausschliesslich auf dieses Leben konzentriert. Ich stand in der Tür zwischen zwei Räumen und konnte in beide zugleich sehen.

Wenn Petrova zu sehr dem Alkohol zusprach, hatte das bei mir Auswirkungen. Den Alkohol- und Beizenmief aus Pertovas Raum konnte ich in dem Zwischen-den-Räumen-stehen-Zustand wahrnehmen.

Sicher ein Wunschtraum aller Alkoholiker: schon nach einem Glas in den erwünschten Rauschzustand zu kommen. Jedoch führten ein zweites oder gar ein drittes Glas jedes Mal zur katastrophalen Besoffenheit.

Aus dieser unangenehmen Situation hat mich jemand befreit. Es muss ein Engel in Menschengestalt gewesen sein, oder vielleicht eine andere Inkarnationspersönlichkeit von mir? Ein Mensch, der in meinem Leben wie ich in Anuschkas und Petrovas Leben erschien? Vielleicht wurde diese Inkarnationspersönlichkeit durch meine tagtägliche Trunkenheit zu sehr gestört und wollte dieser Belästigung endlich ein Ende setzen?

Eines Nachts, als ich den Heimweg wieder einmal nicht mehr fand, nahm sich ein Mann meiner an. Ich durfte zu ihm nach Hause und er bot mir eine Massage an. Diese Massage, begleitet von Mozarts kleiner Nachtmusik, brachte meinen verrückten, feinstofflichen Körper wieder an seinen Platz zurück. Ich weiss heute noch nicht, ob diese Nacht ein Traum oder Wirklichkeit war. Am nächsten Morgen ging er früh zur Arbeit und ich warf ihm den Hausschlüssel in seinen Briefkasten. Ich weiss nicht, wer er war. Ich habe ihn später oft gesucht. Die Strasse und das Haus, das habe ich wieder gefunden, aber er wohnte nicht hier. Ich hätte ihm so gerne für seine Hilfe gedankt, denn es war meine letzte alkoholisierte Nacht gewesen. Endlich stand ich nicht mehr zwischen zwei Räumen, endlich war der Spuck des „Doppellebens“ vorbei. Befreit von dem Zwang und den Auswirkungen eines Tuns einer anderen Persönlichkeit aus meiner Lebensuhr.

Dieses unbeabsichtigte Verrücken, dieses zwischen zwei Leben stehen, unter der Tür verweilen und in zwei Räume gleichzeitig blicken können geschieht öfter als uns bewusst ist, seltener jedoch in dem starken Ausmass, wie es mir mit Petrova und seiner Sucht passiert ist.

Ich glaube kaum, dass eine intuitive Massage zu Mozarts kleiner Nachtmusik für jeden Suchtkranken heilsam ist. Eigentlich schade. Und doch kann spontanes, intuitives, unkonventielles Tun viel heilsamer als eine Therapie sein. Petrova wäre, glaube ich, kaum durch diese Massage geheilt worden.

Nach meiner „Heilung“, haben mich die Auswirkungen von Petrovas Tun, seine massive Berührung der verbindenden Fäden, nur noch nach meinem Treppensturz belästigt und gestört. Wer flucht schon gerne, wenn er gar nicht flucht. Wer hat schon gerne Schmerzen und Blutfliessen, obwohl keine Verletzung sichtbar ist. Infolge des Sturzes wurde mein feinstofflicher Körper erneut verschoben. Jedoch konnte ich durch die Reise zu ihm die störenden Bewegungen der Verbindungsfäden stoppen.

Ich?

Ich habe nichts getan. Nein, die Lorbeeren sind nicht für mich. Petrova hat hart an sich gearbeitet, hat mit viel Wollen, mit viel Mut und noch mehr Selbstbeherrschung seine Sucht bearbeitet und ist ihr entkommen.

Vielleicht war mein Erscheinen für ihn auch nur wie ein Traum in seiner Erinnerung zurück geblieben. Ein Erlebnis, das er in seinen normalen Alltag nicht ganz einreihen konnte. Vielleicht hat auch er versucht, mich ausfindig zu machen und hat mich überall gesucht?

Hatten nicht Anuschka und ihre Mutter von einer Geistererscheinung gesprochen und wollten mich mit Gewalt zerstören? Eine Geistererscheinung? Geister, so sagt man, sind doch verstorbene Leute? Aber ich lebe! Und doch war ich als Geistererscheinung in einem anderen Leben anwesend. Ob die klaren, zusammenhängenden Träume solche Geisterlebnisse sind?

Zu meinem Nachtmusikmasseur ist eine Liebe und Sehnsucht geblieben. Die gleiche feine Liebe, die ich zu Petrova und noch vielen anderen Persönlichkeiten aus meiner Inkarnations - Sippe, aus meiner Geistigen Einheit kenne. — Eine Überirdische Liebe?

Ein Liebesgedicht an eine Dualseele

DU —
meine geliebte Zwillingsseele —
was hab ich alles erfahren,
in Dir —
durch dich, —
für mich!
All dies Gewusste, —
um's sein —
um Liebe —
— DU — meine geliebte Seele.

Fredi Schilling 18. 5. 84

Das Puppenhaus

Standortbestimmung

Geh in deinen meditativen Zustand, in deine Herzmitte.

Stell dir ein grosses Puppenhaus vor, in das du von oben hineinschaust, ein Haus ohne Dach, mit vielen Räumen. Du kannst verschiedene Räume erkennen, einige sind heller, andere dunkler. Du kannst sicher nicht alle gut erkennen. In einigen ist es ganz dunkel, in anderen hat es Nebel oder sie sind verschwommen, so dass du nichts sehen kannst,. Schau dir nur die klaren, gut sichtbaren Räume an. Die anderen wirst du später einmal klar erkennen können. Es gibt schon Gründe, warum du noch nicht in alle Räume sehen darfst. Mit erzwungenem Sehen (Drogen, spezielle Meditationstechniken, technische Geräte, etc.), kannst du dir wirklich schaden. Bitte bleibe vernünftig und habe Geduld.

Suche **deinen** Raum. Schau genau hin! Ganz sicher ist dein jetziger Lebensraum auch in diesem Haus.

Wo stehst du? — Befindest du dich in der Mitte des Raumes? — Oder stehst du mehr am Rande? — Wo ist die Türe? — Hat es mehrere Türen? — Sind sie weit von dir entfernt? — Die Tür die dir am nächsten ist, ist die geschlossen, oder ist sie offen?

Du kannst dir natürlich noch viele andere Fragen stellen. Im Moment geht es jedoch um deinen Standort, um dein Wo-stehst-du.

- Stehst du in der Mitte des Raumes?
  Sehr gut! Im Moment bist du hellwach und lieb zu dir.

- Stehst du an der Wand?
  Vor was willst du dich drücken? Wovor hast du Angst? Warum stehst du nicht zu dir? Was magst du nicht an dir? Oder willst du gar vor dir flüchten?

- Stehst oder sitzt du in einer Ecke?
  Warum verziehst du dich in einen Winkel wo dich niemand sehen kann und jammerst zugleich, dass du zu wenig Aufmerksamkeit und zu wenig Liebe erhältst?

- Du stehst am Fenster und siehst hinaus.
  Du bist nicht im Hier und Jetzt. Du verträumst deinen Tag und verpasst dein Leben.

- Stehst du neben einer offenen Türe?
  Vorsicht, ein Mensch hat nur die Möglichkeit ein Leben auf einmal zu leben. Die Versuchung, zu oft oder nur mal schnell in das andere Leben zu schauen oder zu gehen, ist sehr gross. Zu nah bei einem anderen Leben stehen kann Verwirrung auslösen.

Pascal

In jungen Jahren wollte Pascal Berufsboxer werden. Er unterzog sich einem harten Training. Er liebte seinen Sport und arbeitete intensiv und hart bis zu dem Tag, als er in einem Kampf einen Kopfschlag erlitt und zu Boden ging. Eigentlich war dieses Zu-Boden-gehen nicht gravierend. Keine Verletzungen und keine Auswirkungen wurden festgestellt. Und doch hat dieser Schlag seinem Leben eine andere Richtung gegeben. Pascal boxte weiter. Seine Kariere ging steil aufwärts. Die Angst der Gegner wuchs vor ihm. Immer öfters musste er auch wegen Unzulässigkeiten verwarnt werden. Oft verlor er die Beherrschung. Nicht nur im Ring boxte er, auch in seinen Privatleben kam es zu Schlägereien.

Pascal beteuerte: *Ich kann nichts dafür, in diesen aggressiven Momenten bin ich nicht ich selber. Wenn der Schub vorbei ist, sehe ich die Auswirkungen. Es ist wie zum Verzweifeln: Ich kann mich an nichts erinnem. Ich weiss beim besten Willen nicht mehr, wie, wann und warum ich losgeschlagen habe. Das kommt einfach über mich, zwingt mich zum Tun..... Es fängt immer mit den gleichen Symptomen an. Sobald ich jedoch fühle, dass ich in diesen Zustand rutsche, ist es schon zu spät. Ich kann mich nicht mehr dagegen wehren. Es ist stärker als ich.*

Logisch möchte Pascal diesen Zustand los werden. Zu viel steht auf dem Spiel; seine Familie, seine Freunde, die sich zurückziehen und sein Job. In der Hoffnung, diese

Zustände würden verschwinden, hat er mit dem Boxen aufgehört. Er liest nichts mehr über seinen Sport, sieht sich keine Sport-Fernsehsendungen mehr an und hat alles, seine Siegerpreise und Trophäen aus seinem Haus entfernt. Leider ohne den gewünschten Erfolg.

Ich bot ihm an, mit ihm in sein Haus zu schauen.

So wie ich in meiner Alkoholsuchtzeit stand auch Pascal zwischen zwei Räumen. Durch die Ausbrüche seines jähzornigen Nachbarn wurde seine Boxernatur aktiviert. Seine Boxertätigkeit mit der künstlich erzeugten Aggression bei Kämpfen hat den Jähzornigen zu vermehrten Ausbrüchen veranlasst, was wieder Pascal zu unkontrollierten Ausbrüchen zwang.

Ein Hin und Her — ein Her und Hin — ein-Aktion-gleich-Reaktion-Spiel ohne Gewinner. Durch die Verdoppelung zweier Aggressivitäten wurde es für beide Beteiligten unerträglich.

Wir schauen in sein Haus. Pascal sieht sich in einem Türrahmen stehen: Zwischen seinem und dem Raum eines Jähzornigen aus seiner Geistigen Einheit. Er versucht mit seinem Nachbarn zu sprechen (fast wie bei der Veranda-Meditation), leider ohne Erfolg.

Nach dem erfolglosen Gespräch mit seinem Lebensuhr-Nachbarn schliesst er zuerst die Türe zu seinem Nachbarn. Weil er seine Kräfte kennt und weiss, dass er schon gewöhnliche Türen eingeschlagen hat, ersetzt er die Türe durch eine Panzertüre. Ganz bewusst schliesst er sie, dreht den Schlüssel zweimal im Schloss, bringt noch einige Riegel und zusätzliche Schlösser an. Nun schiebt er sich, wie eine kleine Puppe in einem Puppenhaus, in die Mitte seines Raumes. Endlich hat er Ruhe, die Belästigungen des Jähzornigen haben aufgehört. Ob der Jähzornige auch nicht mehr jähzornig ist? Pascal möchte lieber nicht nachschauen. Er möchte nicht noch einmal aggressive Anfälle wie in seiner Vergangenheit erleben.

Wenn du das Gefühl hast, du stehst selber in deinem Raum, dann schiebst du dich nicht, sondern gehst einfach in die Raummitte. Auch das ist richtig.

Sind deine Reaktionen auch oft unbegreiflich und du verstehst dein Handeln selber nicht, dann schau einmal in dein Haus. Wo stehst du?

Auch wenn du nicht jähzornig, kein Schläger oder Boxer bist, einmal in dein Haus schauen lohnt sich ganz bestimmt.

Sicher hat der Jähzornige auch nichts gegen das Türenschliessen gehabt. Sein Leben ist sicher ruhiger geworden, seine Ausbrüche schwächer, höchstens noch so stark, wie er sie alleine produziert.

Ein gelebtes Märchen

Ein Märchen, ein gelebtes Märchen, ein sehr realistisches Märchen, und wenn sie nicht gestorben sind, dann leben sie heute noch..... — leben heute noch?..... Petrova wäre nach unserer Zeitrechnung dieses Jahr 76 Jahre alt geworden, ob er heute im Jahr 1998 noch lebt? Über viele Jahre hinweg hat sich die Türe zu seinem Leben immer in den Raum der Fünfzigerjahre geöffnet.

Vor dem Schreiben dieses Buches wollte ich ihn in meiner Zeit, Oktober 1998, besuchen gehen. Er war nicht mehr da. Er ist diesen Sommer, 76-jährig, gestorben. Auch Anuschka habe ich nicht mehr gefunden. Ich werde versuchen, mich etwas früher, 1995 oder 1996, in ihr Leben einzuklinken. Irgendwo und irgendwann werde ich sie wieder finden.

Petrovas Sein beeinflusste mich schon als Kind. Später, nach einem Schockerlebnis 1978, waren die Stör- und Beeinflussungsmomente sehr stark (Alkoholsucht). Durch die kleine Nachtmusik-Massage konnte mein feinstofflicher Körper wieder ganz in meinen physischen Körper zurückkehren. Die Verbindung zu Petrova wurde dadurch schwächer.

Mein feinstofflicher Körper stand nicht mehr im Türrahmen, nicht mehr zwischen den zwei Räumen. Auf der Veranda kann ich in Petrovas Raum sehen und mit ihm auch Kontakt aufnehmen. Willentlich und bewusst, kann ich diesen Kontakt aufnehmen und auch wieder unterbrechen. Es ist an mir, die Türe zu anderen Räumen zu öffnen oder zu schliessen. Ich bin nicht mehr Opfer des Zufalls und muss auch keine Katastrophen und/oder Schocks mehr erleben, um zwischen zwei Welten, zwischen zwei Leben, zwischen zwei Räumen zu stehen. Das Sehen und Kontakt-Aufnehmen ist nicht an eine Zeit oder an eine Jahreszahl gebunden.

Bitte gehe nicht zwischen zwei Räume, wenn du krank bist oder dich nicht wohl fühlst. Auch nicht, wenn du übermüdet oder depressiv, erregt und/oder wütend bist. Das Zwischen-den-Räumen-Stehen braucht doch einiges an Energien und diese Energien braucht dein Körper, um wieder gesund zu werden oder Gefühlsstürme zu bewältigen.

Mein Erscheinen und meine Besuche bei Petrova erfolgten, von meiner Zeitrechnung aus, in den Jahren 1991 bis 1998. Petrovas Zeit war jedoch das Jahr 1956 und die folgenden Jahre. Die Türe zu anderen zeitlichen Räumen öffnet sich nach unseren Wünschen und Bedürfnissen. Durch die MITTE sind alle Räume miteinander verbunden, jedoch läuft in jedem Leben, in jedem Raum die Zeit und die Jahre nach eigenen „Gesetzen" ab.

So wie ich in Petrovas Krisenjahre gehen konnte, ist auch, bei Bedarf, ein Besuch in einer ganz anderen Zeit, einem anderen Jahrhundert möglich.

Wer kennt nicht Winnetou? Sein „Erfinder" Karl May war nie im wilden Westen, er kannte die Gegend nicht und doch beschrieb er Landschaften und Gebiete so genau, als ob er dort zu Hause gewesen wäre, dort gelebt hätte. Zur Zeit des Bücherschreibens war er in einem Gefängnis in Deutschland gefangen. Vielleicht war dieses Eingesperrtsein, seine Gerichtsverhandlung und seine Verurteilung ein Schock für ihn gewesen, so dass sein feinstofflicher Körper verrutscht (verrückt) ist und sich ihm eine Türe zu einem anderen Raum, zu einem anderen Leben geöffnet hat? Ein sehr berühmtes Beispiel, das uns sehr deutlich und verständlich ein „Doppelleben" zugänglich macht.

Leben in der Zukunft sollten wir uns nicht als Ziel setzen. Sie können uns zu sehr verwirren und vor allem kann das Geschehen noch so oft geändert werden. In jedem Moment sind verändernde Entscheidungen möglich. Du hast zwei Möglichkeiten, je nachdem wie du dich entscheidest, verändert sich vielleicht ein Leben im Jahr 2500. Und wie oft entscheidest du dich jeden Tag? Am Morgen früh fängt es schon an: *Soll ich aufstehen oder noch ein wenig liegen bleiben? — Soll ich zum Frühstück Müsli essen, soll ich nicht frühstücken oder soll ich in der Bäckerei an der Ecke ein Brötchen holen?* Deine Brötchenentscheidung beeinflusst bereits die Verkäuferin, den Bäcker, den Besitzer der Bäckerei, den Mehllieferanten, den Müller und den Bauern! Und das sind noch gar nicht alle brötchenbeteiligten Menschen!

Was soll ich heute anziehen? Vielleicht wird jemand durch deinen knallroten Pullover aggressiv? Hättest du dich für den blauen entschieden, hätte der aggressiv Gewordene nicht Streit angefangen und es wäre nicht zu der Schlägerei gekommen und.... Du siehst, jede noch so kleine Entscheidung hat nicht nur auf dich, sondern auch auf deine gesamte Umwelt und die ganze Zukunft einen Einfluss. Wollen wir den Gedanken der Schlägerei weiterverfolgen: Vielleicht stürzte einer der Beteiligten so ungeschickt, dass er für sein ganzes Leben behindert ist. Nur wegen deinem knallroten Pullover! Nein, du bist nicht schuld, du bist in dem Moment nur das berühmte Tröpfchen, das das Fass zum Überlaufen bringt.

Als Entscheidungshilfe solltest du die Zukunft so oder so nicht zu Rate ziehen oder befragen, denn die sogenannte Zukunft wird ja aus deinem jetzigen Sein, aus deinen vielen Entscheidungen gebildet.

So, jetzt einmal tief ein- und ausatmen — in die Herzmitte gehen — und jetzt noch einmal über das Gelesene nachdenken.

Deine linke Hirnhälfte, dein Intellekt und dein kleiner Besserwisser, die werden das nie verstehen können, denn sie sind an die lineare Zeit gebunden.

Der Gedanke

Eine Lehre und ein Erlebnis ganz besonderer Art war die Veranda-Meditation eines guten Freundes von mir. In einem Zeitungsartikel hat Reto über einen Mann gelesen, der schon seit längerer Zeit sein Unwesen treibt, einen Mann mit schwerem Motorrad, der sich gewaltsam an jungen Mädchen vergriff. Reto wollte wissen, warum dieser Mann dies tat, denn der Zeitungsbericht hat ihn tief berührt und lange Zeit beschäftigt.

Einatmen — Herzmitte — zur Türe auf der Veranda .

Er steht auf seiner Veranda und schaut zu den vielen Menschen. Er bittet nun den Menschen, der mit diesem Zeitungsbericht etwas zu tun hat, zu ihm auf die Veranda zu kommen. Auf dem Platz entsteht eine Bewegung. Langsam löst sich eine dunklere Gestalt und nähert sich der Treppe. Ein in schwarzes, Nieten beschlagenes Leder gekleideter, grosser, massiger und fast angsterregender Mann betritt die Treppe. Reto hat noch etwas Zeit, sich zu überlegen, will ich mich mit ihm konfrontieren oder schicke ich ihn gleich wieder weg? Seine Entscheidung ist massgebend und zwingend für alle Wesen, die zu ihm auf die Veranda möchten. Tapfer geht Reto in seine Herzmitte und öffnet die Tür:

Er bietet seinem Gast einen Sessel an, besorgt ein Getränk für ihn. Er möchte, dass sich sein dunkler Gast besonders wohl fühlt. Zuerst ein bisschen unbedeutendes Hin- und Her-Fragen. - Ich bin Reto, wie heisst du? - Langsam tasten sich Reto und Sven zur Hauptfrage vor. Jedes Wort, jede Frage vorsichtig prüfend, nur nicht das Tun des anderen verurteilen! Nie sagen: Das, was du tust, ist böse. Bei Angriffen oder Vorwürfen verschwinden unsere Gäste sofort wieder, oder, was für uns unangenehmere Folgen haben kann, sie greifen uns an.

Langsam nähern sie sich den Kernfragen: — Was fühlst du bei deinem Tun? — Was für Empfindungen hast du, wenn du dir eine junge Frau mit Gewalt gefügig machst? — Macht das überhaupt Spass und kann dich das befriedigen? — Warum hast du keine Freundin? — Keine Vorwürfe, keine Angriffe, keine Verurteilung.

Die schwere Maschine, mein Motorrad, liebe ich über alles, mein Feuerstuhl gibt mir ein Gefühl von Stärke und von Freiheit. Leider schleichen sich immer dann, wenn ich das Fahren voll geniesse, diese doofen, brutalen Gedanken ein, ich bin nicht mehr ich selber. Der Zwang verselbständigt sich und ich bin nicht mehr Herr und Meister über mich. Ich könnte heulen vor Wut, wenn ich erkenne, dass ich wieder meinem inneren Schweinehund unterlegen bin. — Ich will nicht mehr! — Hilft mir denn keiner! — Immer muss ich diese brutalen, schrecklichen Gedanken ausleben!

Verzweifeltes Schluchzen schüttelt seinen Körper.

Beide sitzen da und schweigen. Reto nimmt all seinen Mut zusammen:

Ich werde es nicht mehr denken.

Er verabschiedet sich von seinem Gast. Führt ihn zur Treppe, schaut ihm nach, wie er über den Platz weggeht. Leise schliesst er die Türe und dreht den Schlüssel zweimal im Schloss.

Ich werde es nicht mehr denken!

Ein bindendes und verpflichtendes Versprechen. *Wer hilft mir?* Reto kann sich selber helfen. Jedesmal, wenn sich die zerstörenden „Lust-"Gedanken anmelden.....

Ein ruhiger Platz ist von Vorteil. - *Ich habe im Geschäft keinen ruhigen Platz zur Verfügung*, - gilt nicht als Ausrede. Das kleine, verschwiegene Örtchen ist für Notfälle das beste Meditationszimmerchen.

— Herzmitte —

Sich das Feuer vorstellen, genau so wie bei der Übung auf Seite 118, bei dem Verbrennen der Wut und deren Ursache.

Schädeldecke mit der feinstofflichen Hand öffnen und mit der anderen, feinstofflichen Hand die brutalen, gewaltsamen, zerstörenden Gedanken herausholen. All dieses Nichtgebrauchte verbrennen. Den Schädel mit Licht, Lebensfreude und Liebe füllen. Deckel wieder schliessen.

Gedanken sind eine gewaltige, nicht zu unterschätzende Kraft. Sie wirken sich nicht nur in unserem eigenen Leben aus. Menschen, die durch unsere Lebensuhr mit uns verbunden sind, Teile unserer eigenen Geistigen Einheit, ein *anderes* Ich von mir, können durch unsaubere, obszöne, brutale Lieblingsgedanken beeinflusst, gestresst und/oder gestört werden. Wir sind nicht ganz unschuldig am Leiden dieser Welt, ab sofort haben wir jedoch die Möglichkeit, dieses Leiden etwas zu mildern.

Es ist nicht notwendig, dass du Leiden und Krankheit von anderen Menschen übernimmst. Lerne deine Gedanken zu kontrollieren und zu beherrschen. Selbstbeherrschung ist Liebe und Achtung aller Kreatur gegenüber.

Die Gedanken sind frei
Wer kann sie erraten
Sie fliehen vorbei
Wie nächtliche Schatten
Kein Mensch kann sie wissen,
kein Jäger erschiessen
mit Pulver und Blei
Die Gedanken sind frei.

Ich denke was ich will
Und was mich erquicket
Doch alles in der Still
So wie es sich schicket
Mein Wunsch und Begehren
Kann niemand verwehren
Es bleibet dabei
Die Gedanken sind frei.

Lied aus einem Volksschulbuch

Und ihre Auswirkungen? Dieses Lied, das ich in der Schule mit viel Freude gesungen habe, bekommt einen leicht bitteren Beigeschmack, wenn wir die Auswirkungen der Gedanken erkennen.

Mein Wunsch und Begehren..... Nein, verwehren kann uns unsere Gedanken, unsere Lustgedanken niemand, aber Vorsicht: Tagträume, Wunschgedanken gehen **alle** in Erfüllung. Vielleicht nicht in unserem Leben! Wir sind verantwortlich für all unser Tun, auch für unser gedankliches Tun gibt es keine Entschuldigung.

Reto wurde von Sven genau so beeinflusst, wie Reto Sven mit seinen Lustgedanken belästigt hat. Vor Jahren kaufte sich Reto ein Motorrad, hatte jedoch keinen Führerschein dazu. Er stellte das Motorrad bei seinen Eltern in der Garage unter. Dort steht es und steht und steht und....

Reto ist kein Motorradtyp.

Aus Svens Wunschquelle kam der Wunsch nach einer grossen, schweren Maschine in Retos Bewusstsein. Reto glaubte, es sei sein eigener Wunsch und hat sich Svens Wunsch erfüllt.

Kein Jäger erschiessen.... Nein kein Jäger kann dir deine Gedanken erschiessen, es sei denn, du gehst selber auf die Jagd. Geh auf die Jagd nach deinen zerstörenden, Leiden erzeugenden Lustgedanken und schiesse diese Gedankenformen ab. Keine Angst, wenn's kracht und knallt, Vorstellungen, bei denen ein gesundes Mass an Aggression mitspielt, sind besonders wirksam.

Stell dir deine Gedanken als Form, als farbige Wolke oder als Symbol vor. Stell dir vor, wie diese Gedankenform aus der Mitte deiner Stirne hervorquillt und langsam in den Raum schwebt. Nun bist du dran. Du hast ein feinstoffliches Schmetterlingsnetz, einen Käscher, ein Lasso, oder irgend sonst ein Fangnetz. Damit fängst du deinen Gedanken, deine Gedankenform ein, wirfst sie ins Feuer und verbrennst sie.

Wenn du Mühe mit Feuer hast, kannst du die Gedankenformen auch im Wasser auflösen; oder du kannst die Formen mit einem Netz wie einen Fesselballon einfangen, lässt sie langsam hochschweben, nimmst dein Gewehr, eine Kanone oder sonst so ein Schiessding und setzt es einmal für einen guten Zweck ein. Knalle deine zerstörende, perverse, brutale, doofe Gedankenform ab. Endlich einmal eine sinnvolle Anwendung von dieser überflüssigen Erfindung. Vergiss nicht, deinen Fesselballon an einem Seil festzuhalten. Vielleicht triffst du ja beim ersten Mal nicht.

Wenn ich doch andere Inkarnationen, andere Menschen aus meiner Geistigen Einheit so stark beeinflussen kann... Dann muss doch... Das heisst doch... Dann kann eine andere Inkarnationspersönlichkeit auch mich zum Tun veranlassen, ohne dass ich es will. Vielleicht ist wirklich eine andere Persönlichkeit aus meiner Einheit der Verursacher meiner unlogischen, unverständlichen, unbegründeten Eifersuchtsausbrüche? Ich glaube nämlich nicht, dass ich wirklich eifersüchtig bin. Grosszügiges Denken und dem anderen Menschen seinen Raum lassen entspricht viel mehr meiner Wesensart. Woher kommen dann meine seltenen, fast anfallsartigen Ausbrüche und Szenen?

Ich gehe auf meine Veranda und will den Menschen, der mit meiner Eifersucht etwas zu tun hat, bitten, zu mir zu kommen. Bevor ich meine Bitte jedoch ausgesprochen habe, steht schon eine Frau neben mir. Sie ist ohne meine Erlaubnis auf die Veranda gekommen.

Ich versuche ihr zu erklären, dass sie mit ihren eifersüchtigen Gedanken andere Menschen stört und belästigt. Sie giftelt mich an, will nichts hören und dreht sich schnaubend von mir weg.

Ich schicke sie von meiner Veranda weg. Sie muss gehorchen, ob sie will oder nicht, auf meiner Veranda ist mein Wille Gesetz. Murrend geht sie die Treppe hinunter. Bewusst schliesse ich hinter ihr die Türe, schliesse sie fest zu und drehe den Schlüssel um.

Unerwünschte Gäste

Das Aufräumen der Veranda

— Geh in deine Herzmitte —

Dieses Mal gehst du, ohne Kontakt aufnehmen zu wollen, auf deine Veranda. Du bleibst mitten auf der Veranda stehen und fragst:

Wer ist da!?

Schau dich um, wen siehst du? Vielleicht ist es eine deiner Inkarnationspersönlichkeiten (zum Beispiel die eifersüchtige Dame), vielleicht steht ein Freund, ein Verwandter oder ein Bekannter vor dir. Vielleicht ist es auch deine Mutter, dein Chef oder dein Partner.

Nicht immer sind die Eindringlinge eigene Inkarnationspersönlichkeiten und auch nicht immer sofort sichtbar. Schaue auch unter dem Tisch und unter den Stühlen. Suche in jedem noch so kleinen Versteck. Auf der Veranda ist es fast wie in der MITTE: Zeit **und** Raum haben eine andere Realität.

Erkläre diesem Menschen, der deinen Bereich nicht respektiert, er soll bitte deine Veranda verlassen und nur noch (auf die Veranda) kommen, wenn du ihn rufst. Begleite die Person zur Verandatüre, schaue ihr zu, wie sie die Treppe hinunter und über den Platz weggeht. Nun schliesse deine Verandatür gut zu, vergiss nicht den Schlüssel zu drehen.

Auch wenn wir jemanden noch so gut mögen oder lieben, sie/er darf nicht ungerufen auf der Veranda erscheinen, nicht unaufgefordert in deinen Bereich eindringen. Dieses unaufgeforderte Eindringen auf unsere Veranda ist wie Hausfriedensbruch. Und wenn dir jemand noch so sagt, dass er/sie dich liebt..... Liebe heisst, dem anderen seinen ihm zustehenden Raum zu geben. Die Privatsphäre des anderen respektieren.

Nehmen wir einmal an, du triffst deinen Chef unerwartet und unerlaubterweise auf deiner Veranda an (Immer diese armen Chefs müssen ihren Kopf als negatives Beispiel hinhalten!). Frag ihn, was er möchte. Sag ihm jedoch auch klar und deutlich, dass er in deinem Privatbereich nichts verloren hat und dass er sich an das geistige Gesetz des freien Willens halten soll. Auf deiner Veranda darfst du jedem sagen, was du möchtest. Jeder, der auf deiner Veranda ist, muss sich deinem Willen beugen. Je klarer du dich verständlich machst, dich ausdrückst, desto besser kann dich der andere verstehen. Die Wellen dieser stillen Gespräche mit Eindringlingen haben auch Auswirkungen auf den Alltag.

Hast du jemanden von deiner Veranda gewiesen und die Türe sehr deutlich und gut geschlossen, ist es durchaus möglich, dass dieser Mensch dich sehr bald anruft, sich bei dir meldet oder dich besucht. Derjenige möchte die unterbrochene Leitung wieder reparieren. Wiederhole das vorher Gesagte! Es gibt sehr hartnäckige Fälle. Sei auch hartnäckig, setze deinen Willen durch!

Herzmitte — Verandamitte — sehen wer da ist — anwesende Person wegschicken. Hartnäckige „Fälle“ müssen öfters bearbeitet werden.

Vorsicht vor deinen eigenen Wunschgedanken!

Auch sie können jemanden auf die Veranda holen, oder sogar zwingen zu kommen!

Unerwünschte Besucher können mit einfachen Mitteln an ihrem Kommen gehindert werden.

1. Wie schon erwähnt, die Person von der Veranda wegschicken und sehr bewusst die Türe schliessen.

2. Bei hartnäckigeren Besuchern Türe gut mit Schlüssel oder starken Riegeln sichern.

3. Noch hartnäckigere Fälle: Stell dir ein dickes Seil vor, das dich mit dieser Person verbindet. Schneide, brenne oder hacke das Seil durch. Manchmal sind die Seile unglaublich zäh. Lass dir irgend etwas einfallen, um dieses Seil, diese Verbindung zu trennen. Nach dem Seildurchtrennen wird die Beziehung zu diesem Menschen viel harmonischer und angenehmer.

4. Bei absolut Unbelehrbaren: Baue zwischen dir und dem anderen eine Mauer auf. Die sanfteste Version ist die Lichtmauer... zu schwach? Vielleicht eine Glaswand? Auch nicht! Versuche es mit einer Backsteinmauer, einer Betonwand, einer Panzerwand.

5. Nützt alles nichts, schau dir deine eigenen Wunschgedanken an!

Trenne die beiden Bereiche. Die Mauer kann aus Glas sein, oder aus leuchtenden Steinen, wie die kleinen Leuchtsteine von Lego. Wenn es extreme Belästigungen sind, stellst du dir eine gut gefügte, dicke Mauer aus Backsteinen oder aus Beton vor. Die Bereiche werden klar voneinander getrennt. Du zeigst deutlich, wo deine Grenzen sind. Unerwünschte Besucher werden ohne Pardon von der Veranda entfernt.

Klärende Gespräche mit unerwünschten Verandabesuchern haben den grossen Vorteil, dass sie sich auch auf unseren Alltag auswirken. Versuche dich möglichst klar und deutlich auszudrücken. Sage wirklich das, was dich stört und/oder bedrückt. Vergiss nie, der andere weiss vielleicht gar nicht, dass eine Situation für dich unerträglich, störend oder abstossend ist. Traust du dich nicht, diesem Menschen deine Wünsche und Bedürfnisse direkt zu sagen, sag es ihm auf der Veranda. Klar und deutlich, ohne wenn und aber. Die Veranda ist dein Bereich. Hier ist dein Wille Gesetz. Du musst dir nur ganz sicher sein, was du überhaupt willst.

Das gedankliche Durchsetzen deines Willens einer Autoritätsperson gegenüber stärkt dein Selbstvertrauen und dein Selbstbewusstsein. Ein gesunder, starker Wille wird in dir wachsen.

Dritter Teil

Die anderen Ebenen

Teil eins und zwei

Hast du Teil eins und Teil zwei gut durchgelesen und auch schon Übungen gemacht? Hast du schon Erfahrungen mit dieser Seinsart, mit der MITTE und der Gleichzeitigkeit der verschiedenen Leben gesammelt? Jede Veränderung bringt am Anfang etwas Unordnung, an alles Neue muss man sich zuerst gewöhnen, doch schon nach kurzer Zeit können wir es uns kaum mehr vorstellen, wie es in dem alten Zustand war. Unser kleine Besserwisser hat sich an das Neue, an die neue Denkens- und Lebensart gewöhnt. Und wenn der mal was gepackt hat!... Dann lässt er es sicher nicht mehr los.

Dieser dritte Teil ist wie ein neues, ein anderes Buch. Stell all das, was du von Teil eins und zwei weisst und erfahren hast, für einen Moment zur Seite. Am Ende des dritten Teils wird sich der Kreis wieder schliessen und die drei Teile sind wieder zu einer Einheit vereint. Das, was ich dir jetzt zeige, ist ganz anders, vergleiche es bitte nicht mit dem Vorangegangenen und frage vor allem am Anfang nicht nach dem Warum und Wieso. Lass all das Gesagte und Geschriebene einmal im Raum stehen. Bleib schön in deiner Herzmitte und du wirst sehr bald die einzelnen Verbindungen zum ersten und zum zweiten Teil erkennen können. Schön eins nach dem anderen, sonst hast du das totale Chaos.

Nur keine Angst vor Veränderung und Chaos. Alles sei aus dem Chaos entstanden, das ganze Universum, die ganze Welt, und natürlich auch du und ich!

Chaos, die beste Erde für deinen Baum der Erkenntnis! Lass ihn wachsen, dünge nicht zu viel, lass ihm Zeit, um gross und stark zu werden. Ein bisschen Wind und Sturm schadet deinem Baum nicht.

Die Vielheit unseres Lebens

Im Kapitel: Rechte Hirnhälfte auf Seite 47, im ersten Abschnitt unten, habe ich die Bemerkung gemacht:

„Leben wiederholen!"

Das war nicht etwa nur ein Spruch. Um das Nachfolgende besser verstehen zu können, bleibt uns nichts anderes übrig, als in die Herzmitte zu gehen und die rechte Hirnhälfte zu aktivieren. Versuche einmal aus der Herzmitte heraus zu lesen.

Es gibt die verschiedensten Lehren über das Leben, das Sterben und das Wiedergeboren-Werden. Leider sind auf diesem Gebiet sehr viel Fanatiker am Werk, die stur und fest behaupten, ihre Lehre sei die einzig richtige. Schade! Ich glaube kaum, dass die göttliche Allheit so kleinlich ist und den Seelen nur eine einzige Möglichkeit offen lässt.

Die Lehre, dass wir nur einmal leben, ist genau so richtig, wie die Lehren mit einigen bis ganz vielen Inkarnationen. Auch Vorleben und Nachleben als Pflanze oder als Tier sind durchaus möglich. Unsere innerste Überzeugung wirkt sich auf unser Sein vor, nach und zwischen den Leben aus.

Sobald sich eine Seele in die Grobstofflichkeit wagt, sobald sie sich in einen physischen Körper inkarniert, ist sie an die materielle Beschränktheit gebunden. Wir haben ja schon einiges über die Schandtaten unseres kleinen Besserwissers gehört und genau wie die Beschränktheit gehört auch er zum physischen Körper. Wir können ihm den ihm zustehenden Platz zuweisen, ihn an seine Aufgabe erinnern und uns bemühen, dass er keine Möglichkeit bekommt, sich aufzublähen. Ein wahrer Weiser bleibt immer Herr/Frau und Meister über ihn und macht sich nicht abhängig vom Intellekt.

Es gibt keine All-Lehre. Für einen Frosch sieht die Welt ganz anders aus als für einen Vogel. Auch wenn sie auf der genau gleichen Wiese zu Hause sind.

Die folgenden Erläuterungen sind Erfahrungswerte. Ich kann jedem nur empfehlen, die Beispiele selber auszuprobieren und sich erst nachher ein Urteil zu bilden. War die Erfahrung brauchbar? Super, sofort ins Repertoire der wiederholbaren Erlebnisse einreihen. War das Erlebte, Erfahrene nichts.... macht nichts, ab in den Abfall damit. Unnötigen Ballast sollten wir nicht mittragen, auch nicht in unserem Kopf.

Wir haben alle unterschiedliche Aufgaben mitgenommen, als wir uns entschlossen haben, hier auf dieser Welt geboren zu werden, zu inkarnieren. Eine Seele wird sich kaum reiche Eltern aussuchen, wenn sie beschlossen hat, die Erfahrung der Armut zu machen. Genauso wird eine Seele, die ein freies Leben will, sich nicht in einem

Land inkarnieren, in dem eine tyrannische Regierung herrscht.

Jede Seele will ihre Erfahrungen machen und will nicht daran gehindert werden. Wenn eine Seele den Wunsch hat, in Armut zu leben, könnte dieser Mensch einen Millionen-Lottogewinn machen und noch bevor er das Geld in den Händen hält, würde das Geld gestohlen oder sein Los ist verloren gegangen. Grund dieses Verlustes: Seine Seele wollte in diesem Leben in Armut leben.

Seelen wollen nicht immer dasselbe
wie unsere Köpfe!

Das ist auch der Grund, warum dem einen eine Übung gelingt und dem anderen nicht. Hast du, trotz ehrlichem Wollen, bei der einen oder anderen Übung keinen Erfolg, ist es durchaus möglich, dass deine Seele sagt: *Sorry, zu früh*, oder: *Tut mir leid, du musst in deinem momentanen Sein noch einige Erfahrungen machen.* Alles, was wir mit unserem Intellekt, mit unserem Kopf erzwingen wollen, ist zum Scheitern verurteilt, wenn unsere Seele nicht ihr Jawort dazu gibt.

Seelen wollen wirklich nicht immer so, wie unser kleine Besserwisser es will. Nur weil deine Seele nicht immer Ja zu den Wünschen und Meinungen deines kleinen Besserwissers sagt, ist sie ganz sicher nicht ein grausames, unerbittliches Wesen, das dich quälen möchte. Die Seele ist **der** Teil von dir, der viel mehr weiss als deine kleine linke Hirnhälfte. Die Seele hat den Überblick, was wir von unserem kleinen Besserwisser nicht gerade behaupten können.

Sie erkennt die Zusammenhänge, sie kennt unsere Aufgabe, sie weiss was für die Bearbeitung des übernommenen Auftrages notwendig ist. Unser kleine Besserwisser wird von Werbung, Zeitungs- und Fernsehberichten sehr stark beeinflusst. Zum Beispiel eine auf gesund geschminkte Dame in einer Fernsehsendung behauptet: *Seit ich mit Vitaminen angereicherte Milch trinke, fühle ich mich viel wohler in meiner Haut.* Hinter ihr lächelt ein weissbekittelter Arzt wissend und zustimmend, dann glaubt dies unser keine Besserwisser, ohne zu fragen, was hinter dieser Werbung steckt. Kommt nun jemand und behauptet doch ganz frech, diese Milch schadet dir mehr, als sie dir nützt, bekommt unser kleine Besserwisser einen Wutanfall oder ein überlegenes, mitleidiges Lächeln: *der weiss es nicht besser!* ***Ich*** *habe es doch im Fernseher gesehen.*

Unsere Seele weiss, was uns gut tut und was uns schadet.

Der Floh

Aus einem Hotelführer von Singapur hatten wir uns ein nettes, kleines, preisgünstiges Hotel ausgesucht und von daheim aus für drei Tage gebucht.

Nach einem langen Flug: Endlich Singapur, meine geliebte Stadt, du hast mich wieder und kriegst mich so schnell nicht wieder los. Erst in drei Wochen habe ich genug von deiner Hitze und werde dir wieder den Rücken kehren.

Obwohl ich feinstofflich herumreisen, überall hingehen und hinkommen kann, macht mir Reisen Spass. Ich habe meine Lieblingsorte, meine Lieblingsstädte und meine Lieblingsländer. Andere Länder und Städte mag ich gar nicht, und es gibt Reiseziel, die „neutral" sind. Das heisst, wenn ich dorthin komme, ist es gut, wenn nicht, ist es auch gut.

Diese Vorlieben und Abneigungen haben sehr viel mit unseren anderen Leben zu tun. Hat eine Seele aus deiner Geistigen Einheit an diesem Ort eine gute Erfahrung, ein angenehmes, gutes Leben, fühlst du dich hier auch wohl. Ist es jedoch ein Ort, wo einer aus deiner Geistigen Einheit, aus deiner Sippe, schlechte Erfahrungen gemacht hat (macht), gefällt dir dieser Ort nicht. Du fühlst dich unwohl, die Leute ärgern dich und überhaupt ist alles nicht so schön, wie du gemeint hast, als du deine Ferien buchtest.

Singapur — Singapore ist eine meiner Geliebten, eine meiner Favoritinnen.

Flugplätze sehen sich alle ähnlich, und darum gibt es für mich nur eins: aus dem Flugzeug aussteigen und so schnell wie möglich mit einem Taxi zu unserem vorbestellen Schlafquartier. — Wie im Prospekt beschrieben, ein nettes, einfaches, sauberes Hotel. Viele hübsche Damen zwitschern durchs Haus. — Na ja, am Morgen wussten wir, warum so viele hübsche Damen hier waren. Wir sind in einem „seriösen" Puff gelandet. Alle waren so liebenswürdig, dass uns diese Kleinigkeit nicht gestört hat. Etwas anderes, eine andere Kleinigkeit war viel störender. Klein, schwarz, hüpfend und piksend. Ein kleiner Floh hat bei uns sein Nachtlager, besser gesagt, sein Fressquartier aufgeschlagen. Wir haben unsere dreitägige Reservation in ein Einnacht-Gastspiel umgewandelt und sind am Morgen ausgezogen. Wieder fanden wir ein nettes, kleines, preisgünstiges Hotel und zogen ein.

Den ganzen Tag und die halbe Nacht haben wir uns in der Stadt herumgetrieben und keine neuen Flohstiche registriert. Schön, soll doch dieses kleine Ding im Puff bleiben.
Gute Nacht, schlaf gut!

Ich muss schon eine ganze Weile geschlafen haben, als mich ein Jucken weckte. Man glaubt es kaum! Der kleine Hüpfer ist uns gefolgt und hält seine nächtliche Orgie ab. Mein Partner wälzt sich auch im Bett und kratzt, was das Zeug hält. Sollten wir ein Weibchen mitgenommen haben, das fleissig Junge gemacht hat? Endlich war mein Partner auch wach. Da sitzen wir nun, mitten in Singapur und haben Flöhe. Flohmittel, jetzt mitten in der Nacht? Woher nehmen? An der Rezeption fragen? Wir haben beide nicht den Mut dazu.... Sonst denken die noch, wir hätten die Flöhe mitgebracht!

Was tun? Die ganze Nacht kratzen? Nein danke!

Bist du zu einem Experiment, zu einem Versuch bereit?

Ja! Wenn nur das Jucken aufhört!

Also los!
Herzmitte!
Ich will auf eine Ebene ohne Flöhe!

—

Beide legen wir uns wieder ins Bett und sind sehr schnell wieder im Land der Träume.

Guten Morgen, hast du gut geschlafen?
Hast du neue Stiche? — Nein? — Ich auch nicht! —

Und schon haben wir den ganzen Flohzirkus vergessen.

So viele Eindrücke, so viel Leben! Fast zwei Wochen haben wir nicht mehr an den Floh gedacht.

— *Wie es den Flöhlein wohl geht. Ob die armen Dinger verhungert sind, weil wir die Ebene gewechselt haben?*

Es pikst, es beisst und eine schöne Flohstichkette verziert mein Bein!

— *Halt, so war das nicht gemeint! —*

Durch meinen Gedanken an den Floh, durch meine Neugierde, wie es dem Floh jetzt geht, bin ich wieder auf die Ebene mit Flöhen gerutscht.

— *Ich will auf die Ebene ohne Flöhe! —*

Die Stiche sind weg!

— *Verstehst du das? Versuch du es! —*

Ebene mit Flöhen! Stiche! — Ebene ohne Flöhe, keine Stiche!

Die sichtbaren Zeichen der Stiche waren auf der Ebene mit Flöhen sehr gut zu sehen. Auf der Ohne-Ebene haben wir keinen einzigen Stich gefunden. Keine der weissen oder roten, leicht erhöhten, juckenden Stellen.

Hypnotische, unterbewusste Reaktionen? Allergische Reaktion auf den Flohgedanken? Und das gleich bei uns beiden? Ich weiss nicht?

Selbst aus der Herzmitte heraus, war das schwer zu verstehen.

Während den ganzen Ferien, auf dem Heimflug und Zuhause blieben wir auf der Ebene ohne Flöhe.

Etwa drei Monate später erzählte ich dieses Erlebnis in einem Kurs.

Ja, und dann wollte ich es wissen und ging einfach auf die Ebene mit Flöhen.... — und kratze mich ausgiebig. Eine wunderhübsche Kette aus Flohstichen zierte mein Bein. Ebene ohne Flöhe, keine Stiche — Ebene mit Flöhen, Stiche. Nicht nur ich probierte es aus, einige Kursteilnehmer hatten den Mut, dieses kleine Experiment mit zu machen. Jeder der Teilnehmer hatte die gleiche Erfahrung: — Ebene mit Flöhen — Stiche! Ebene ohne Flöhe — keine Stiche!

Massenhypnose?

Eine Ebene mit, eine Ebene ohne.... !?

Das müsste doch auch bei anderen Begebenheiten möglich sein. Die Gelegenheit bot sich schon am nächsten Tag. Mein Drucker streikte und ich sollte dringendst einen Brief ausdrucken. Also: Ich will auf die Ebene des laufenden, funktionierenden Druckers!

Und mein Drucker läuft!

Das ist ja wie Hexerei! Der Drucker läuft.!!!

Die Versuche zeigten, es gibt eine Ebene mit defektem und eine Ebene mit intaktem Drucker.

??????????????? Verstehst du das?

Mein kleiner Besserwisser schreit und tobt. Das gibt es nicht! Unmöglich! Betrug, Betrug!

Sei still, wir probieren weiter.

Viele Versuche und Experimente später kam ich zu dem Ergebnis, es gibt Dinge, die ich wirklich stoppen oder verändern kann, wenn ich auf eine andere Ebene gehe. Andere Dinge oder Zustände sind auf allen **(?)** Ebenen gleich. Zum Beispiel finde ich meine Familie und meinen Arbeitsplatz auf jeder von mir im Moment erreichbaren Ebene.

All die Dinge, die unsere Seele wirklich erleben und erfahren will, die bestehen auf allen für uns im Moment erreichbaren Ebenen. Und all das, was nur Verzierung ist, das können wir beliebig auswechseln.

Du hast deine Veranda mit einem Geländer, einer Türe und einer Treppe, das reicht; alles andere, das diesen Platz gemütlicher, einladender und schöner macht, ist nur Dekoration und kann jederzeit ausgewechselt werden.

So sind die verschiedenen Ebenen. Alles Wichtige findest du auf allen Ebenen, alles andere ist auswechselbar, ist Verzierung und braucht es in dieser Form nicht. Eine Ebene mit Flöhen, eine Ebene ohne Flöhe. Flöhe sind (meistens) unwichtige Verzierungen und können somit weggelassen werden. Eine Ebene mit defektem Drucker, eine Ebene mit intaktem Drucker.

Eine Ebene mit.... eine Ebene ohne....

Jedesmal bevor du eine Ebene wechselst, frage dich, warum du diese Erfahrung machst. Vielleicht sind deine Flöhe oder dein defekter Drucker wirklich nur Verzierung, vielleicht will es dir aber auch etwas sagen. Ein defekter Drucker ist zum Beispiel dann notwendig, wenn wir den Brief nicht in dieser Form oder gar nicht verschicken sollten. Hast du die Botschaft verstanden, läuft dein Drucker wieder, auch wenn du die Ebene nicht gewechselt hast. Oder Flöhe! Vorsicht, irgendwer, vielleicht auch du selber, entzieht dir ein klein wenig deiner Lebensenergie.

Ich kann einen Versuch nur empfehlen. Ob du damit Erfolg haben wirst? Frage deine Seele, die weiss es!

Ich habe weiter oben bei dem Satz *Andere Dinge oder Zustände sind auf allen* **(?)** *Ebenen gleich,* ein **(?)** hingeschrieben.

Ich habe dieses **(?)** nicht etwa aus Versehen gesetzt. Seit der Floherfahrung habe ich schon sehr viele Versuche mit anderen Ebenen gestartet und muss leider zugeben, dass ich heute noch nicht weiss, ob alle, für dieses Leben zuständigen Ebenen von mir erreicht werden können. Vielleicht bekomme ich noch, bevor dieses Buch in Druck geht, eine Antwort?

Die Ebenen

Erklären, wie wir auf eine andere Ebene kommen, das kann ich leider nicht. Ich glaube jedoch, wenn ich dir ein paar Beispiele erzähle, dass du lernst, diese Seinsart in dein Leben zu übernehmen.

Mit dem Kopf, mit unserem Intellekt, werden wir das Vorhandensein der verschiedenen Ebenen nie erfassen können. Auch mein kleiner Besserwisser wehrt sich heute noch mit allem, was ihm zur Verfügung steht, dagegen. Sein liebster Trick ist, dass ich einfach vergesse, auf eine andere Ebenen zu gehen. Ich ärgere mich, weil irgend etwas nicht so geht wie ich will, aber es kommt mir nicht in den Sinn, auf die andere Ebene zu gehen. Er hat wieder einmal gewonnen!

Psst! Kleiner Besserwisser, halt den Schnabel, du weisst, dass es geht.

Einige Beispiele

Verschlafen

Ich bin zu spät dran, habe mich um eine Stunde verschlafen. In 1 ½ Stunden sollte ich ein Seminar halten und habe noch etwas mehr als zwei Stunden Weg vor mir. Bevor ich mit meinem Auto losfahre, gehe ich auf die Ebene, auf der ich rechtzeitig am Ort bin. Ich halte die vorgeschriebenen Geschwindigkeiten ein. Ich bin kein Freund von (zu-) schnellem Fahren. 10 Min. vor Seminarbeginn bin ich am Ort. Es reicht gerade noch, um einen Kaffee zu trinken.

In 1 ½ Stunden eine Strecke zu fahren, für die wir normalerweise 2 Stunden brauchen, und erst noch die Geschwindigkeit nicht übertreten. Unmöglich! Auf einer anderen Ebene aber machbar.

<u>Kein Geld</u>
Jetzt muss ich mal Pause machen. Ich stelle meinen Wagen vor einem Restaurant ab und gehe einen Kaffe trinken. Als ich bezahlen will, stelle ich fest, dass ich meinen Geldbeutel vergessen habe. Bevor die Kellnerin bei mir ist, gehe ich auf die Ebene, auf der ich Geld zum Bezahlen habe. Ich bewege meinen Fuss und spüre, dass etwas unter meinem Schuh liegt. Oh, schön, ein Fr. 10.-- Geldschein liegt da und wartet nur darauf, von mir zum Zahlen verwendet zu werden.
Danke, lieber Spender.

Dieses Beispiel funktioniert nur, wenn deine Seele mit dem Fund einverstanden ist und eine wirkliche Notwendigkeit dazu besteht. Überzeuge dich erst, ob du Geld hast, bevor du dir deinen Kaffee bestellst.

<u>Der kleine Kasten</u>
Beim Umstellen meiner Wohnung will ich einen kleinen Kasten in eine Mauernische stellen. Ich bitte meinen Partner mir zu helfen. — Tut mir leid, es fehlen etwa ein, zwei Zentimeter.

Gemeinsam gehen wir auf die Ebene, auf der das Kästchen Platz hat. Dreimal darfst du raten, ob es geklappt hat oder nicht. Der Kasten ist jedenfalls drin.

Keinen weiteren Kommentar bitte. Ich kann dir nämlich nicht sagen, ob der Kasten geschrumpft oder die Wandnische gewachsen ist. Mir genügt es, wenn er Platz hat.

Drei Beispiele, aus dem Alltag. Drei wirklich unterschiedliche Situationen und doch haben sie alle eine Gemeinsamkeit. Ich will in jeder Situation etwas, das normalerweise nicht geht. Das ist noch keine Antwort auf das Wie, aber immerhin schon einmal ein Anfang. Was für Voraussetzungen braucht es noch dazu?

Das Wichtigste, um auf eine andere Ebene zu kommen, ist:

Ich will!

Dein Wollen muss stark genug sein. Viel stärker als das Wollen deines Besserwissers. Er glaubt nämlich immer noch nicht, dass es andere Ebenen gibt und dass wir von einer Ebene zur anderen gehen können. Wollen wir ihm beweisen, dass das geht?

Ich will!

Ja, was will ich eigentlich? Dass die Serviertochter nicht leer ausgeht und mir meinen Kaffee bezahlen muss, ich mag auch nicht meine Seminarteilnehmer warten lassen, nur weil ich morgens so schlecht aus den Federn komme. Und der Kasten macht sich wirklich hübsch in seiner Nische.

Ich will!

Die Grundvoraussetzung, um auf eine andere Ebene zu kommen.

Bevor ich jedoch dieses „Ich will“ in die Tat umsetzten kann, muss ich wissen, was ich will.

Was will ich?

Die wichtige Fragestellung: Was will ich. Ich wollte zu Anuschka und Petrova. Mein Wollen war zwar richtig, doch ein bisschen ungenau formuliert. Ich mag es auch nicht, wenn jemand unangemeldet in meinem Zimmer erscheint. Also muss ich mir genau überlegen, was ich will. Ich wollte ja zu Anuschka und Petrova, aber nicht gleich mitten in ihrem Zimmer erscheinen. Ich hätte mir wünschen sollen, vor der Türe ihres Hauses zu landen.

Um auf die andere Ebene zu kommen, muss ich wollen und auch wissen, was ich will. Ich wollte auf die Ebene ohne Flöhe. Ich hatte Glück, dass ich nicht auf einer Ebene mit Wanzen, Moskitos oder sonst irgendwelchen Ungeziefer gelandet bin. Ich hätte wirklich auf die Ebene OHNE Ungeziefer gehen sollen.

Jetzt wissen wir schon:

Ich will! und **Ich weiss, was ich will!**

Mehr brauchst du nicht dazu, vielleicht noch ein bisschen Unternehmergeist und ein bisschen Mut.

Als kleines Kind wurde uns beigebracht, dass „Ich will“ gar nicht lieb ist, und wenn wir nicht ganz fest „Bitti-Bitti“ gemacht haben, gar nichts erhalten haben. Schade, denn in der Kleinkinderzeit lernen und üben wir unseren Willen zu gebrauchen. Einen Teil können wir zum Glück noch nachholen, was wir vor vielen Jahren verpasst haben.

In meinem Buch, Schwarz und Weiss sind keine Farben, habe ich auf Seite 43 eine Übung, wie wir unseren Willen stärken können. Diese Übung ist so wichtig, dass ich sie ausnahmsweise, inklusive Bild, auch in diesem Buch abdrucke.

- Ich will! - Ich will Herr und Meister über meine Gedanken, meine Gefühle und mein Sein sein! -

- Ich will willentlich und bewusst mein Leben steuern können!

- Ich will wissen, wo und was ich mit meinen unterschwelligen, unbewussten Gedanken auslöse! -

ICH WILL...!!!

So richtig aus dem Bauch heraus kommt dieses **Ich will** und **ich kann**. Stelle dich vor einen Spiegel, schaue dir in die Augen und... Stampfe wie ein wütendes, trotziges Kind: Trotzen ist zwar nicht nötig, aber so richtig stampfen dazu, erster Fuss: Ich will; zweiter Fuss: Ich kann! Hände zu Fäusten geballt, Rücken gerade und Kopf hoch. Zieh den Kopf nicht ein, mach keinen Rundrücken und steck deine Fäuste nicht in deine Hosentaschen. Du kannst die zwei Haltungen ausprobieren, dann weisst du den Unterschied.

Bitte nimm auf deine Nachbarn Rücksicht.

Diese Übung kann vielleicht etwas Halsschmerzen, Fieber oder auch ein bisschen Darmentzündung hervorrufen. Diese Reaktionssymptome dauern ein, zwei Tage. Je heftiger die Auswirkungen, desto mehr Dreck und gestaute, verfaulte Energie hast du losgelöst. Nun muss dieser Abfall auch weggeschafft werden. Medikamente jeglicher Art, auch natürliche, stoppen den Reinigungsprozess. Bitte bleib vernünftig. Wir müssen weder den Helden noch den Märtyrer spielen. So lang es geht ohne, und wenn das Unwohlsein zu heftig wird, selbstverständlich mit Hilfsmittel.

Nun fliesst wieder Energie durch die blockierten Bereiche. Wenn du eine Wasserleitung lange nicht gebraucht hast und lässt nun reines, klares Wasser durchlaufen, kommt am Anfang viel Schmutz und unreines Wasser heraus. Der nichtgebrauchte Bereich muss erst gereinigt werden und diese Reinigung gibt Reaktionen.

Aus der MITTE

Nimm das Bild der Lebensuhr, das Nachfolgende ist dann besser zu verstehen. Von der MITTE aus betrachtet, ist jedes Leben einmal. Jede Zahl steht nur einmal auf dem Zifferblatt. Selbst wenn du ein Zifferblatt mit einer 24-Stundeneinteilung hast, ist jede Zahl nur einmal vorhanden. Du hast zum Beispiel eine Minute vor Neun, vielleicht auch eine Minute nach Neun, aber die Neun steht für sich selber. Auch wenn dieses Vor und Nach nur eine Sekunde ist, die Neun ist isoliert, steht alleine da. Auf der Lebensuhr hat jede Stunde, jede Minute und jede Sekunde einen Punkt, Raum für sich selber. Jede Stunde, jede Minute, jede Sekunde ist ein Leben.

Die Lebensuhr hat so viele Punkte, das heisst so viele Stunden-, Minuten- und Sekundeneinteilungen, wie die Geistige Einheit Seelen (Geistige Zellen) hat. Zu jedem Punkt gehört eine Seele. Die Geistige Einheit **besteht** aus diesen Seelen. Würde nur eine Seele weggehen, verlorengehen oder sonst aus irgend einem Grund fehlen, wäre das, wie wenn wir unserem physischen Körper das Herz stehlen würden.

Zum Glück geht keine Seele verloren und es kann auch keine zerstört werden. Somit bleibt unsere Geistige Einheit auch eine Einheit.

Die verlorenen Seelen, die so oft und gern in religiösen Schriften beschrieben werden, sind nicht Seelen, die der Geistigen Einheit verloren gingen, sondern sind Seelen in physischen Körpern, die einer Religion oder einer Kirche den Rücken gekehrt haben. Sture Fanatiker gibt es in vielen Bereichen. In allen religiösen Gruppierungen finden wir diese Menschen, die glauben, sie hätten die Weisheit mit Löffeln gegessen und nur sie hätten die absolute Wahrheit erkannt. Verlorene Seelen sind Menschen, die den religiösen Pfad dieser Allwissenden nicht gehen, und die Lehren und die „Wahrheiten" dieser einengenden Religionen ablehnen. Verlorene Seelen? Ich glaube eher, das sind selbstbewusste, im innersten sehr religiöse, jedoch nicht kirchenabhängige Menschen (Seelen).

Aus der Geistigen Einheit geht keine Seele verloren. Eine Einheit ist und bleibt eine Einheit. Ganz gleich wie weit die einzelnen Teile dieser Einheit auch auseinander liegen.

Aus der Ganzheit, aus der Geistigen Einheit, geht jede Seele zu dem ihr zugehörigen Punkt. Jede Seele, die in ihr physisches Leben, in eine Inkarnation geht, hat einen Auftrag angenommen und nimmt nun diese Aufgabe mit sich in das physische, körperliche Leben. Sie ist bestrebt, die Aufgabe möglichst gut und richtig auszuführen. Sie will, dass jede Kleinigkeit, jedes Detail genau nach ihren Wünschen und der Aufgabestellung ausgeführt wird.

Stell dir vor, du hast den Auftrag bekommen über ein Thema einen Aufsatz oder eine Abhandlung zu schreiben. Du bist bestrebt, eine gute Arbeit abzuliefern. Du willst eine gute Bewertung deiner Aufgabe, eine perfekte Erfüllung deines Auftrages. Zögernd setzt du Wort für Wort auf das Papier. Bis du das ganze Thema in den Grundzügen festgehalten hast. Du weisst nun, was du schreiben willst. Die Grundstruktur, das Gerüst ist fertig. Nun fängst du an, Wort für Wort, das Gerüst zu umbauen. Immer wieder kannst du einzelne Worte oder ganze Passagen auswechseln. Immer wieder schaust du dir deine Arbeit an. Immer wieder findest du etwas, das du anders oder besser schreiben könntest. Vielleicht schreibst du über ein kleines Kästchen, das in einer Wandnische — stehen müsste — stehen könnte — stehen sollte — stehen muss, oder hingestellt — hineingeschoben — hineingemurkst — hineingeworfen — hingeknallt — plaziert wurde. Nur eine kleine Auswahl an Möglichkeiten.

Wenn du die Flohgeschichte nimmst, hat es auch da verschiedene Möglichkeiten gegeben. Zum Beispiel hätten wir ja Insektenmittel mitnehmen können oder wir hätten wirklich den Mut gehabt, an der Rezeption um Hilfe zu bitten. Auch hätten wir tapfer die ganze Nacht weiterkratzen können und am Morgen ein Mittel besorgen können. Auch ein anderes Hotel, ein anderes Zimmer oder von Anfang an merken, in was für einem Haus wir gelandet sind, wären weitere Varianten gewesen. Alle diese Möglichkeiten waren und sind auf unterschiedlichen Ebenen vorhanden. Auf welcher Ebene wir uns schlussendlich wohl fühlen, entspricht dem Geschmack jedes einzelnen. Vielleicht hat jemand wirklich Spass an kleinen, hüpfenden Flöhen und möchte sie als Haustierchen behalten. Dann wäre die Ebene mit... die Richtige.

Auf-verschiedene-Ebenen-Gehen, ist wie das Ausprobieren von verschiedenen Worten. Dieses Ausprobieren kann manches Mal ulkige, unmögliche, komische oder unangenehme Situationen hervorrufen. Stell dir einmal vor, ich würde schreiben:
Das Kästlein wackelt auf seinen kurzen, krummen Beinchen in die Mauernische. — Irgendwie lächerlich.
Oder: mit einem gewaltigen Hammerschlag wird das sich windende Kästlein in die Mauernische gedonnert! — eine brutale Geschichte.

Der Schluss ist gleich, das Kästchen ist in der Nische, alles andere ist Verzierung. Du suchst und suchst, bis du genau das Wort gefunden hast, das für die gestellte Aufgabe das richtige ist. Alle Worte sind vorhanden, du nimmst jedoch nur das Wort (auf die Ebene), das die bestimmte Situation am genauesten beschreibt. Ebene mit genügend Raum (*wackelt in die Nische*) — Ebene ohne genügend Raum (*wird mit Hammerschlag*...).

Genau wie du bei deiner Abhandlung ein Wort nach dem anderen ausprobierst, probiert auch deine Seele die verschiedenen Varianten eines Lebens aus.

Die Bezeichnung Lebensuhr ist leider ein bisschen irreführend und doch ist das Bild einer Uhr noch die treffendste Umschreibung. Für uns sind die zwei Begriffe, Uhr und Zeit gekoppelt. Das zeigt sich schon in der Frage: *Wieviel Uhr ist es?* Was dasselbe heissen soll wie: *Welche Zeit haben wir?* oder: *Wie spät ist es?* Eine Uhr hat mit der Zeit nichts zu tun, ausser dass wir damit die Zeit messen können.

Die Zeit läuft mir davon —. Die Zeiger der Uhr drehen sich nur im Kreis. Selber davonlaufen kann die Uhr nicht.

Uhr und Zeit sind nicht dasselbe!

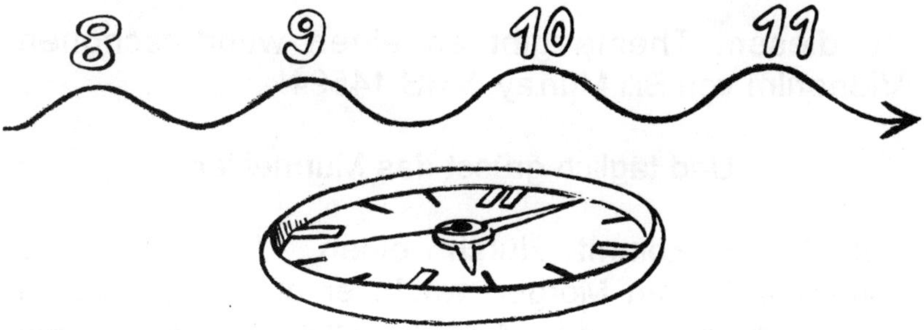

Von der MITTE aus gibt es ein Leben nur einmal. Dieses eine Leben jedoch in unzähligen Varianten und Schattierungen.

Stell dir die Uhr vor. Nehmen wir die 12. Einmal ist es Mittag, einmal ist es Mitternacht; einmal isst du dein Mittagessen, einmal ist „Geisterstunde". Jeden Mittag nimmst du eine andere Mahlzeit zu dir und selbst, wenn du an zwei Tagen dasselbe isst, es ist nicht dasselbe. Ein anderer Salatkopf, ein anderes Ei, anderes Getreide sind die Grundlagen deines Essens. Jeden Tag wird es Mittag, jeden Tag wird es 12 Uhr und doch ist jeder Mittag, jedes Mittagessen anders und einmalig. Und jedesmal ist es 12 Uhr, jedes Mal eine andere Variante, jedesmal ein neues Ausprobieren einer Situation. Eigentlich würde ein Mittag in unserem Leben durchaus genügen, aber dann hätte unsere Seele nur eine einzige Erfahrung des Mittagessens gemacht. Und ob genau diese Erfahrung die richtige war? Das richtige „Wort" für die gestellte Aufgabe, für den zu schreibenden Bericht?

Zu diesem Thema gibt es einen wunderschönen Videofilm von Bill Murray, VHS 14594:

Und täglich grüsst das Murmeltier.

Ein Mann kommt durch einen Unfall in eine Zeitschlaufe. Am Morgen wacht er auf und..... es ist immer dasselbe. Jeden Morgen begegnet er demselben

Mann im Hotel und der sagt jeden Tag dasselbe. Das wichtigste Ereignis dieses Tages, das Herausholen des Murmeltieres aus der Kiste, das bleibt sich immer gleich. Auch einige Dialoge und Situationen wiederholen sich in absoluter Gleichheit. Etwa ¾ des Tagesablaufes können jedoch beliebig variiert werden. Von Gelassenheit bis Verzweiflung mit Selbstmord, von Verniedlichung und Selbstmitleid bis rücksichtsloses Verbrechen werden alle Varianten durchgespielt.

Tagtäglich grüsst das Murmeltier!

Unsere Seele macht es nicht anders, die verschiedensten Worte, Szenen und Varianten probiert sie aus. Wir sind uns dieser Vielschichtigkeit nicht bewusst. Ganz selten haben wir ein Déjàvue-Erlebnis, und die Wissenschaftler rätseln heute noch darüber, was bei diesem scheinbaren Erinnern an eine zukünftige Szene wirklich passiert. Vielleicht ist dieser Déjàvue Zustand ein kurzer Blick auf eine andere Ebene?

Seit ich gelernt habe die Ebenen zu wechseln, ist dieses Sich-Erinnern an zukünftige Situationen immer häufiger.

Die MITTE, die Zeitlosigkeit, das sind die Schlüssel zu dieser Vielschichtigkeit. Wir wollen unseren Aufsatz, unsere Abhandlung richtig schreiben. Unser Wunsch ist es, unsere Aufgabe, unser Leben richtig zu machen. Wenn wir unsere Abhandlung schreiben, probieren wir auch die verschiedensten Varianten zum gleichen Thema aus. Und genauso experimentieren wir mit unseren Lebenserfahrungen. Alles, was Verzierung ist, können wir variieren. Das Fundament und das Gerüst bleibt sich das Gleiche.

Ein Beispiel:

— Die Seele eines kleinen Mädchens will erfahren, wie man sich fühlt, wenn jemand wegen Äusserlichkeiten ein Kompliment macht. Das kleine Mädchen geht zu seiner Oma auf Besuch. Es hat sich ins Haar ein rotes Mäschchen gesteckt. Die Oma reagiert nicht darauf. Die Seele will jedoch die Erfahrung des Komplimentes machen. Also versucht sie es auf eine andere Art. Auf einer anderen Ebene steckt sich das Kind ein gelbes Mäschchen ins Haar, und wieder auf einer anderen Ebene versucht sie es mit einem grünen Mäschchen. Sie will der Oma ein: *Ach, bist du heute ein hübsches Mädchen,* auf eine neue Art entlocken. Immer wieder versucht sie es. Auf vielen Ebenen verändert das Mädchen sein Mäschchen, zieht andere Kleider an und ändert die Frisur, bis es endlich sein Ziel erreicht hat. Ihr Ziel war: ein Kompliment der Oma. Die Seele hat ihre Erfahrung gemacht.

In der Zeitlosigkeit variieren und verändern wir die Situation, bis wir unser Ziel erreicht haben. Unsere irdische Zeit und die Situation bleiben die Gleichen. Für unser zeitgebundenes Sein, für unseren kleinen Besserwisser, für unseren logisch denkenden Intellekt ein unmögliches und unverständliches Tun, im Zustand der Zeitlosigkeit jedoch absolut logisch.

Es lohnt sich wirklich, das Wechseln der Ebenen auszuprobieren.

In der MITTE, an diesem ruhenden Pol, gibt es keine Zeit. Hier existiert unsere Zeit einfach nicht. Hier in der MITTE, hier wo alle Lebensfäden zusammen kommen, ist weder Zeit noch Raum. Wenn wir uns hier aufhalten ist auch für uns das Gesetz von Zeit und Raum aufgehoben.

Das heisst, dass jeder Moment, jede Handlung, jede Entscheidung zeitlos ist und somit ewig dauert.

Von dieser MITTE, diesem zeitlosen Raum aus, haben wir die Möglichkeit, in jede Zeit zu schauen. Machen wir jedoch nur einen Schritt zu diesem Zeitgeschehen hin, so sind wir schon aus der Zeitlosigkeit herausgetreten und haben die Fähigkeit des „in andere Zeiten Schauens“ verloren.

Die Worte EWIGKEIT und ZEITLOSIGKEIT habe ich in der MITTE erfühlt und verstanden. Dieser Zustand *ewig und zeitlos*, ohne Anfang und ohne Ende, dieses

Sein ist in der MITTE, an dem ruhenden, ewigen Punkt. Wieviel weise Menschen haben schon versucht, diese Ewigkeit mit Worten zu beschreiben? Selbst wenn man die Ewigkeit schon erlebt hat, lässt sie sich mit Worten nicht beschreiben, denn Worte sind an Zeit und Raum gebunden. Selbst unsere normalen Gedanken, die zwar viel schneller als das Sprechen sind, brauchen Zeit, bis sie zu Ende gedacht sind. Auch Lichtgeschwindigkeit ist noch eine Geschwindigkeit und braucht deshalb Zeit, um den Raum zu durchmessen. Somit hat auch schnelles Denken mit Zeitlosigkeit nichts zu tun.

Nur in der MITTE, oder wie du es immer nennen möchtest, wirst du die Erfahrung des Seins, der Zeitlosigkeit, der Ewigkeit erleben.

Geistige Einheit / Seele / Ich / autonomer Körper / kleiner Besserwisser

Dieses Aufteilen in verschiedene Wesen, wie die Geistige Einheit; Seele oder Geistige Zelle; der autonome Körper; das erzählende, Ich (Archivar, Erinnerungen, Gedächtnis) und schlussendlich unser kleine Besserwisser sind hier in diesem Buch als Einzelwesen dargestellt. Diese fünf Wesen sind jedoch eine absolute Einheit. Keines dieser Wesen kann irgend etwas ohne die anderen tun. Fünf Wesen in einem Raum, fünf Wesen, die sich den vorhandenen Platz teilen müssen. Unser Körper hat genau Platz für alle unsere Organe, die Leber hat ihren Platz und macht dem Magen seine Aufgabe und sein Revier nicht streitig, genau so liegen die Lunge und das Herz friedlich nebeneinander. Friedvoll erfüllt jedes Organ seine wichtige Aufgabe. Wenn sich ein Organ jedoch aufbläht, zu viel Platz beansprucht, dann ist es in unserem Körper nicht mehr so gemütlich. Und was macht denn unser kleine Besserwisser anderes? Er nimmt für sich viel zuviel Platz in Anspruch. Er bläht sich viel zu oft auf, meint, er könne alles und sei der

Wichtigste. Alle anderen in dieser Einheit seien doch nur Pappkameraden und ohne ihn läuft schon gar nichts. Dass ohne ihn nichts läuft, das stimmt, denn alle fünf sind für die Einheit notwendig, jedoch sollte jedes den ihm zugewiesenen Platz einnehmen, so wie Herz und Lunge friedlich nebeneinander Platz haben, sollten sich auch unsere fünf Wesen nebeneinander wohl fühlen. Ist die Harmonie gestört, ist es verständlich, dass es uns in unserm ganzen Sein nicht mehr so wohl ist.

Verweise deinen kleinen Besserwisser auf seinen Platz.

Dieses Unwohlsein... Du kennst es. Langeweile, Unzufriedenheit, Frustration, Kranksein oder einen Unfall provozieren und so weiter und so fort. Die Liste, wie sich dieses Unwohlsein bemerkbar macht, könnte noch um vieles ergänzt werden.

Und was tun wir dagegen? Seien wir doch ehrlich, meistens lenken wir uns von uns selber ab. Es gibt so viele Möglichkeiten. Nicht nur Fernseher und Radio sind dazu geeignet, zu viel Arbeit, Beziehungsprobleme, Stress am Arbeitsplatz und (zu viel) Sorgen um die Kinder sind alles willkommene Ablenkungsmanöver. Ich will damit nicht sagen, dass es keine ernsthaften Probleme und Lebenskatasrophen gibt. Aber einiges ist hausgemacht und könnte problemlos aufgelöst und entsorgt werden.

Vorsicht! Beim Loslassen der Probleme fängt die Selbstkonfrontation an.

Die Klassenarbeit

Unsere Ganzheit hat sich vorgenommen ein Thema zu bearbeiten. Die Ganzheit (Geistige Einheit) hat ihr gewähltes Thema in viele Untergruppen aufgeteilt und jede Seele (jede Zelle) hat ihren Teil (Anteil) an dieser grossen Arbeit bekommen.

Vielleicht ist das Bild einer Schulklasse, die eine Klassenarbeit schreiben soll, zutreffend? Der Lehrer gibt der Klasse ein Thema. Die Schüler bilden kleinere Arbeitsgruppen und teilen das Thema unter sich auf. Von diesen kleinen Schülergruppen übernimmt jeder Teilnehmer einen kleinen Aufgabenteil des gesamten Themas. Sie besprechen als kleine Gruppe die ihnen zugewiesene Aufgabe. Jeder einzelne Schüler macht sich nun an seine Arbeit. Jeder für sich, denn jeder hat seine ganz spezielle Aufgabe zu lösen. Nicht jeder Schüler gibt sich Mühe. Manches Mal treffen sie sich und besprechen sich als kleine Gruppe, so dass ihre Lösungen zusammenpassen. Die Fleissigen müssen wohl oder übel den Faulen helfen, dass die Gruppenarbeit zu einem befriedigenden Ergebnis kommt.

Die Einzelarbeiten werden nun wieder zu Gruppenarbeiten zusammengenommen und alle Gruppenarbeiten zusammen ergeben die fertige Klassenarbeit.

Die Frage bleibt, woher hat der Lehrer sein Thema?

Vielleicht hat sich die Geistige Einheit die Aufgabe selber ausgesucht? Vielleicht ist die Geistige Einheit auch nur eine kleine Untergruppe einer grösseren Einheit? Einer ganzen Schule oder einer Geistigen Universität?

Ich glaube, wir könnten noch lange weiterfragen, bis wir zur göttlichen ALLHEIT kämen und dann?

Durch die kleinste Erfahrung, durch die kleinste Arbeit die wir machen (dürfen), wird die ALLHEIT reicher und erfahrener

— in Unendlichkeit — in Ewigkeit —

Unsere Aufgabe erkennen

Immer wieder ist in diesem Buch die Rede von der Aufgabe, von dem Auftrag, den die Seele in dieses Leben mitgebracht hat. Wir haben verlernt, mit unserer Seele zu kommunizieren, sie könnte uns das Rätsel lösen.

Finden, musst du, nicht suchen! Also lassen wir das Suchen und machen uns ans Finden.

Ich lasse mein Leben Revue passieren. Eine Aufgabe? Es muss doch möglich sein, diese Aufgabe zu erkennen. Wer sagt mir, was ich zu tun habe! Wo finde ich mein Fahrtenbuch? Wer hat die Gebrauchsanweisung zu meinem Leben verlegt!? Wo sind meine Mitschüler, dass ich mit ihnen die Gruppenarbeit besprechen kann? Du bist nicht die/der Einzige, die/der dieses Thema bearbeitet. Eine übernommene Aufgabe wird immer in Gruppen bearbeitet. Und die fleissigen Schüler müssen auch noch die ungelösten Aufgaben der Faulen übernehmen. Jede Kleinigkeit, die wir übernehmen, jede Last die wir von einem anderen Wesen unserer Geistigen Einheit tragen, kommt uns selber zugute (Gutes Karma). Eine grosse Gefahr ist jedoch dieses Übernehmen: so schnell vergisst man den eigenen Aufgabenbereich. Und wenn wir unsere Aufgabe nicht erledigen, muss ein anderer für uns einspringen, muss ein anderer unsere Last tragen (Schlechtes Karma).

Langsam nähert sich das Ende dem Anfang. Langsam schliesst sich der Kreis. Erinnerst du dich an den ersten und zweiten Teil dieses Buches? Erinnerst du dich an die Veranda, an meine erste Frage? (Seite 70) Die Frage, die ich versehentlich falsch und doch so richtig gestellt hatte: *Ich bitte die Person, die mir helfen kann, mein Vergessenes wieder zu erkennen, auf die Veranda zu kommen.*

Die Person ist auch gekommen. Ein wunderschön hell strahlender Mensch aus meiner Geistigen Einheit hat sich gemeldet. Hat sich meiner Blindheit angenommen und mir klar meine Aufgabe gezeigt. Ich wollte nicht hören und nicht sehen. Ich wollte in dem Moment nur mein Problem bearbeiten.

Umwege sind da, dass wir sie gehen.

War es wirklich ein Umweg? Wenn ja, so war er sinnvoll und lohnenswert. So viel konnte und durfte ich auf dem Weg des kranken Beines erfahren. So viel Erkenntnis und Klarheit brachte dieser „Umweg“ in mein Leben. Nur durch diesen Weg habe ich die Aufgabe, die sich meine Seele gewählt hat, überhaupt verstanden. Nur durch das Gehen dieses Weges weiss ich heute, was ich tun muss und wie ich sinnvoll helfen kann, mir, meiner geistigen Sippe, meiner Umwelt und schliesslich auch der ganzen Menschheit.

Der ganzen Menschheit?

Gleich nebenan

Litauen und Petrov sind so weit weg. Selbst wenn ich einmal dorthin in die Ferien fahren würde... Und immer im meditativen Zustand sein, immer mit einem Bein im anderen Zimmer meiner „Puppenstube“ stehen, auf Dauer ein nicht durchführbarer Zustand. Petrova hätte ja auch in der Nähe wohnen können, so dass wir zusammen austauschen und sprechen könnten. Ich hadere wieder einmal mit meinem Schicksal, bin unzufrieden mit meiner Situation. Die Veranda ist ja gut und recht. Über die Veranda habe ich auch viele nette Menschen aus meiner Sippe kennengelernt.... Aber ich bin immer noch ein Mensch aus Fleisch und Blut und habe sehr gerne Kontakt mit Menschen, die sich im gleichen materialisierten Zustand wie ich befinden.

Ich möchte aus meiner Sippe jemanden kennen lernen, der in meiner Nähe ist und erst noch in einem physischen Körper steckt!

Diese Bitte trage ich in mir, dieser Wunsch lässt mich nicht los. Immer wieder kreisen meine Gedanken um diesen mir nicht bekannten Menschen. Wenn es doch in Litauen und in Amerika möglich ist, warum dann nicht hier?

Wieder einmal bereite ich mich zu einer Verandameditation vor.

Ich glaube, dieses Mal hat es nicht so ganz geklappt. Statt dass ich auf meiner Veranda lande, schweifen meine Gedanken in eine Zeit vor bald 20 Jahren zurück. Mein Weg führt mich in meine Stammkneipe. Ich stehe an der Türe und schaue mich nach einem geeigneten Platz um. Heute suche ich mir gesprächige Bekannte, heute ist mir zum Plaudern zumute. Ach nein, nicht zu dem blinden Mann dort in der Ecke. Es ist zwar sehr nett, mit ihm zu plaudern, doch meistens ist er schon sehr bald so besoffen, dass das Gespräch fad und doof wird. Ich verziehe mich an einen Tisch, der möglichst weit weg von ihm ist.

Angenehm unterhalte ich mich mit meinen Bekannten. Plötzlich, ein unangenehmer Schweiss-, Alkohol- und undefinierbarer Essensgeruch, jemand tappst mir auf den Rücken... Oh nein, muss das sein! Der Blinde in schon recht angetrunkenem Zustand steht hinter mir. *Du, ich möchte mit dir arbeiten,* haucht er mir, begleitet von seinem abstossenden Mief, in die Ohren. Ich weiss aus Erfahrung, ein weiteres Gespräch mit meinen Kollegen ist ab sofort unmöglich. Wenn sich der Blinde einmal eingehängt hat, lässt er so schnell nicht wieder los. Seufzend füge ich mich meinem Schicksal.

Ok, erzähl mir auf dem Heimweg, was dich bedrückt. Unter dem einen Arm meine Jacke, unter dem anderen Arm René, mache ich mich auf den Heimweg.

Die Geschichte von der Zusammenarbeit ist kurz erzählt: Erzieherisch (lernen sich zu waschen), therapeutisch (weniger trinken) und heilend (seinen schon recht fortgeschrittenen Muskelschwund stoppen und die Muskeln langsam wieder aufbauen). Eigentlich nichts Besonderes, normale Arbeiten eines Heilers, und doch...

Immer öfters treffe ich René auf meiner Veranda an. Immer wieder schicke ich ihn weg und erkläre ihm, dass er auf meiner Veranda nichts zu suchen hätte. Die Veranda ist ausschliesslich für eigene Inkarnationspersönlichkeiten, Menschen aus der eigenen Geistigen Einheit reserviert.

Mit diesen Zurechtweisungen hatte ich keinen Erfolg. Ich bemerkte jedoch, dass er immer dann auf meiner Veranda erschien, wenn ich jemanden bat, zu mir zu kommen, der in meiner Nähe und zu meiner Zeit lebt.

Sollte René wirklich.... Nein! das kann und darf nicht sein... In meiner Sippe sind nur saubere, nicht süchtige Menschen! Und Petrova? Er war ja auch schwer dem Alkohol verfallen. Und eine meiner Aufgaben sei ja mit alkoholgefärhdeten Menschen aus meiner Sippe zu arbeiten.

Nein! Es kann nicht sein, was nicht sein darf! — Aber es ist, was sein muss!

Wie oft habe ich mir gewünscht, einen Menschen aus meiner Sippe, aus meiner geistigen Einheit persönlich kennenzulernen. Und jetzt... jetzt, da mir dieser

Wunsch erfüllt wurde, ist es auch wieder nicht recht. Habe ich mir etwas Falsches gewünscht?

Nein, ich glaube nicht. Einer aus meiner Sippe braucht Hilfe, na und? Es wäre eigentlich unlogisch, dass ausgerechnet in meiner Sippe nur Weise, Heilige und sonst erleuchtete Menschen sich vereint hätten. Wie bei der Schularbeit, die Stärkeren helfen den Schwächeren und die Schwächeren können von den Stärkeren lernen, auch stark zu werden.

Die Vermutung, dass René ein Lebensuhr-Nachbar von mir ist, wird immer mehr zur Gewissheit.

Ein Teil von mir in anderer Gestalt.... Es ist gar nicht so einfach das anzunehmen und zu akzeptieren. Kleinigkeiten störten mich an René viel mehr als an anderen Menschen. Manches Mal schämte ich mich für ihn, manches Mal war ich wütend wegen seiner Sturheit, wie oft fühlte ich mich verantwortlich für ihn... Ich hatte ihm gegenüber keine Verpflichtungen, ich war und bin für ihn nicht verantwortlich, wir haben keine Liebes- oder sonstige Beziehung und doch.... Eine starke, tiefe Verbundenheit, eine sehr feine, tiefe Liebe verbindet uns... eine überirdische Liebe?! (Seite 126)

Seit ich durch Renés Anwesenheit die Dualität, die Gemeinsamkeit und die Einheit der geistigen Sippe, der Geistigen Einheit erfahren und erlebt habe, hat sich mir eine neue Welt geöffnet, eine erfüllende, sinnvolle Art des Seins.

Lügen

Es ist so viel einfacher, mit einem anderen Menschen zu arbeiten als mit sich selber. Bei unserem Gegenüber können wir Fehler und falsches Verhalten viel besser und schneller erkennen und aufdecken. Uns selber sind wir meistens viel zu nah.

Durch den amerikanischen Präsidenten ist Lügen ein viel diskutiertes Thema geworden. In einem Bericht einer Zeitschrift behauptet doch ein Journalist tatsächlich:

Lügen ist Liebe!

(Na ja, Präsident müsste man sein!)

Wenn ich doch schon Probleme habe, mich selber zu erkennen und meine Mitmenschen lügen mich an, sagen mir nicht die Wahrheit, werde ich noch lange im Dunkeln tappen und suchen. Aber finden muss ich, nicht suchen!

Habe den Mut zur Wahrheit! Wahrheit dir selber und anderen gegenüber. Liebe, wahre Liebe ist Wahrheit. Wahrheit heisst aber nicht, alles was du empfindest, dem anderen an den Kopf zu schmeissen. Wenn du bei deinem Partner, einem Freund, einer Freundin oder einem dir nahestehenden Mitmenschen ein Fehlverhalten erkennst, überlege dir ganz genau, wie du vorgehen willst.

Halte, bevor du es dem anderen sagst, Zwiesprache mit dir selber. Wie würdest du reagieren, wenn dir jemand dieses Fehlverhalten aufzeigen würde? Teile dich in Gedanken in zwei Hälften. Die eine Hälfte will dir etwas sagen und die zweite Hälfte muss sich das Gesagte anhören. Sage dir dein Fehlverhalten in verschiedenen Varianten. Immer wieder ein bisschen anders, bis deine zuhörende Hälfte nicht mehr beleidigt, frustriert, empört, wütend, abweisend oder sonstwie reagiert. Übe so lange, bis du das Gesagte verstehen und annehmen kannst. Erst jetzt ist es an der Zeit, deine Beobachtungen weiterzugeben.

Versuche, das was du zu sagen hast, in Ich-Botschaften weiter zu geben. Sag also nicht: Du machst oder sagst immer dies oder das. Versuche es einmal mit: Es stört mich, wenn... Oder: Bei mir kommt dein Tun so und so an...

Etwas mit Ich-Botschaften zu sagen braucht etwas Übung. Dies zu lernen lohnt sich jedoch. Du wirst sehen, es gibt viel weniger Missverständnisse, viel weniger falsches Verstehen und viel weniger Streitereien und Disharmonie.

Dieses Mit-sich-selber-Sprechen und das Mitteilen-Üben bringt dir den grossen Vorteil, dass du dich selber besser kennenlernst. Das Fehlverhalten deines Freundes fällt dir nur auf, wenn es ansatzweise auch in dir vorhanden ist. Nur was du in dir hast, kannst du in deinem Mitmenschen auch erkennen. Wenn du nun übst, wie du deinem Freund schonend sein Fehlverhalten beibringen willst, wird sich dein Unterbewusstsein automatisch mit deinem Fehlverhalten auseinander setzen. Vielleicht entdeckst du bei diesen stillen Gesprächen eine deiner Aufgaben.

Ich glaube, der Journalist hat wirklich recht gehabt, wenn die Wahrheit-Sagen verletzend oder beleidigend ist, ist Lügen wirklich besser.

Kleine Kinder sollten nie angelogen werden, denn bis etwa zu ihrem siebten Lebensjahr sind Gedanken und Gefühle für sie genau so realistisch wie jedes Tun. Wir machen uns unglaubwürdig, wenn wir etwas anderes sagen als wir denken. Durch diese Unglaubwürdigkeit verliert das Kind das Vertrauen zu uns.

Kontakt mit der Gruppe

Immer wieder bin ich auf meinem Lebensweg alkoholkranken, süchtigen und depressiven Menschen begegnet. Die Konfrontation mit Süchtigen und das Erkennen von Suchtkranken in meiner Geistigen Einheit haben mir den Weg zu meiner Aufgabe gewiesen.

Jemandem helfen, sich von seiner Sucht zu befreien, verlangt an erster Stelle Ehrlichkeit mit sich selber und ganz viel Arbeit an und mit sich. Ich muss zuerst mein eigenes Suchtverhalten unter die Lupe nehmen. Ich muss erst erkennen, wo meine Stolpersteine sind, wo ich gefärhdet und wo ich zu schwach bin. Denn auch nicht ausgelebtes Verhalten, bewusste und unbewusste „Wunsch-" Gedanken können meinen Inkarnationsnachbarn beeinflussen. Genauso wie Reto Sven beeinflusste und zu ungewolltem Tun veranlasst hat, reagierte René auf depressive Gedanken von mir.

Sich selber anschauen, sich selber erkennen und mit sich selber arbeiten ist die allergrösste Hilfe für die ganze Geistige Einheit. Je mehr ich mich von meinen versteckten Süchten befreien kann, desto einfacher ist es für andere betroffene, süchtige Seelen, sich zu befreien.

Bei unserer geistigen Hilfe ist es auch wichtig, die Ursache der Sucht zu erkennen. Petrova war durch seine unterdrückte Wut zum Alkoholiker geworden. Bevor ich ihm nun ehrlich weitergeben kann, wie er sich von seiner Wut befreien und trennen kann, muss ich anfangen, mit meiner Wut zu arbeiten. Ein guter Bergführer ist immer ein, zwei Schritte voraus und kann der nachfolgenden Person genau Anleitung geben, mit welchem Fuss er wohin stehen soll. Er darf weder unten noch ganz oben stehen und seinem Schützling durch Zurufen oder durch ein Handy Anweisungen geben.

Um mit anderen zu arbeiten, musst du nicht perfekt (ganz oben) sein. Du darfst jedoch auch nicht unten stehen und dem anderen zubrüllen, was er zu tun habe. *„Nur feste Auftreten, es besteht absolut keine Gefahr,"* ist einfach unglaubwürdig, wenn du nicht selber den Weg gehst.

Zwillings- Drillings-Viellingsseelen

Aus dem hässlichen Entlein ist ein wunderschöner Schwan geworden. Bin wirklich ich es gewesen, die das Wunder fertiggebracht hat? Nein, genau so wie bei Petrova war es René, der intensiv und hart an sich gearbeitet hat. Er hatte den Mut, aus seinen Lebensgewohnheiten auszusteigen. Er brachte es fertig, all die nichtgebrauchten Verzierungen wegzuräumen und durch Sinnvolles zu ersetzen. Er war bereit, Neues anzunehmen, zu lernen und sich selber zu sein. Seine Arbeit, seine Heldentat, sein Sein ist für die Geistige Einheit eine wirklich wertvolle Arbeit, die zur Erfüllung des Auftrages sehr viel beiträgt.

Mein Verdienst? Nur an einem ganz kleinen Eckchen. Ich durfte ihm das Werkzeug zu seiner Arbeit reichen und ihn im Umgang damit unterrichten. Dabei habe ich gelernt. meine Gedanken besser zu kontrollieren, nicht so schnell über einen anderen Menschen zu urteilen, mehr Geduld mit meinen Mitmenschen und mit mir zu haben.

Danke, René, dass du mich schon so viele Jahre auf meinem Lebensweg begleitest.

René und die russischen Heiler

Zum Übernachten kann/darf ich meine Besucher immer bei René unterbringen. Er wohnt nur drei Häuser von mir entfernt und hat einen wunderschönen Raum zur Verfügung.

Noch einige Tage wollten die zwei russischen Heiler nach dem Kongress in Basel bleiben. Hotelübernachtungen sind so teuer und ungemütlich: so landeten sie schliesslich hier bei René und bei mir. Nach einem gemütlichen Nachtessen fragte mich Larissa (in Englisch): *Weisst du, was Evgenij mit Wien verbindet? Er möchte schon so lange nach Wien, bucht Ferien und sagt sie immer im letzten Moment ab.*

Über die MITTE klinkte ich mich in Evgenij`s Lebensuhr ein. Irgendwie war es ein bisschen anders als sonst, aber vielleicht lag es daran, dass er nur Russisch sprach und ich nicht. Von der MITTE aus schaute ich in sein Leben in Wien. **?** Ein grosses Fragezeichen! Ich verstehe nicht! Das ist doch nicht möglich! Einmal tief Atemholen und wieder da sein. René sitzt neben Evgenij. Vermutlich habe ich mich aus Versehen in Renés (auch meine) Lebensuhr eingeklinkt. René wechselt den Platz. Evgenij sitzt nun allein an einer Tischseite, also kein „Störsender" daneben. Noch einmal von vorne. Dieses Mal gehe ich sorgfältiger und konzentrierter in meine Herzmitte.

Einatmen — Herzmitte — Ausatmen — mich niederlassen.

So, jetzt in die MITTE, — Stille — mich nach dem wienerischen Leben von Evgenij umsehen und....

Wieder dasselbe wie vorher! — Unmöglich! — Unmöglich? Ich sehe in ein Leben, das mir sehr bekannt vorkommt, ein Leben das vor allem bei René starke Auswirkungen verursacht hat. Es ist ein nicht sehr helles Leben eines selbstzerstörerischen Arztes, der seinen Beruf und sein Wissen für selbstsüchtige Zwecke missbrauchte und nicht gerade eine Ehre für seine Zunft war.

Evgenij hatte früher sehr starke, heute nur noch ab und zu Probleme mit dem Alkohol. Auch er ging nach einem recht lebhaften Leben den Weg eines Helfers und Heilers. Auch er hat mit Auswirkungen eines anderen Lebens zu kämpfen.

Auch ihn holt die „Vergangenheit“, die Schuldgefühle, das schlechte Gewissen und das wieder Gutmachen wollen des Wienerarztes immer wieder ein.

Eins, — zwei, — drei —... wie drei begossene Pudel sitzen wir da und schauen uns doof an. René, ja — Petrova, ja, ja der auch, nun aber noch einen Dritten aus der Sippe mit den gleichen Problemen!

Evgenij weiss noch nicht so ganz um was es geht, er weiss von der Geistigen Einheit, von der möglichen Gleichzeitigkeit verschiedener Inkarnationspersönlichkeiten noch nichts. Dass in dem Moment jedoch etwas sehr Wichtiges passiert ist, das war ihm, trotz des Nichtverstehens der deutschen Sprache, klar.

Wir erklären Larissa kurz die Lebensuhr, die Geistige Einheit und die Möglichkeit der Gleichzeitigkeit. Sie versucht das Gesagte so gut wie möglich ins Russich zu übersetzen. Evgenij hat verstanden. Ein Schwall russischer Worte, Larissa kann gar nicht so schnell übersetzen, so viel möchte Evgenij auf einmal sagen. Plötzlich fängt René an, das von Evgenij so schnell Gesprochene auf Deutsch zu übersetzen. Fliessend, ohne zu stocken, Wort für Wort. —

Eine recht lange Zeit hat er übersetzt. Unerwartet fängt er an zu stottern, stolpert über Worte, stoppt, schüttelt den Kopf: *Was ist passiert? Das geht doch nicht! Ich kann doch gar nicht Russisch!*

Noch einige Mal haben sie es ausprobiert. Immer wenn René in seiner Herzmitte war, immer wenn er konzentriert und ruhig zugehört hat, konnte er Russisch verstehen und übersetzen. Russisch sprechen konnte er jedoch nicht. Die einzelnen Worte, die ihm Larissa oder Evgenij vorsagten, blieben ihm sehr schnell im Gedächnis, aber so, wie das Verstehen und Übersetzen, klappte das Sprechen leider nicht.

Auf unserer Lebensuhr haben wir Leben, die stehen uns näher als andere. Genau so wie auf einer Uhr: die Zwei und die Drei stehen sich näher als die Sieben der Zwei. All die Leben kurz vor und kurz nach der Zwei haben etwas miteinander zu tun. Lebensuhrnachbarn bearbeiten, wie die kleine Schülergruppe ein Thema, arbeiten zusammen und tauschen zusammen aus.

Vielleicht kommt unser schlechtes Gewissen, wenn wir etwas getan haben, das wir nicht tun sollten, von einer anderen Inkarnationspersönlichkeit? Von einem Menschen, der eine Sekunde in der Unendlichkeit neben mir inkarniert hat? Die Lösung zu einem Problem, eine gute Idee sind möglicherweise schon von einem anderen Sippenmitglied Bearbeitetes. Vielleicht hat ein anderer Schüler meiner Gruppe meine Aufgabe gelöst, weil ich ein bisschen geträumt oder geschlafen habe und nun flüstert er mir die Lösung ins Ohr?

Die erhoffte Antwort

Leider ist die von mir erhoffte Antwort, auf die ich auf Seite 166 hingewiesen habe, nicht eingetroffen. Vielleicht war ich nicht auf der richtigen Ebene?
Das würde ja heissen, es gibt eine Ebene, auf die ich noch nicht gekommen bin. Eine Ebene, auf die ich noch nicht gekommen bin? — ! Das heisst ja, dass es Ebenen gibt, die mir im Moment noch nicht zugänglich sind?!

— ? — ! — ? —

Psst! Nicht weitersagen!
Den Schluss eines Krimis sollen wir niemandem verraten, sonst stehlen wir ihm alle Spannung und allen Spass.

Eine Übung für ganz Mutige

Bitte zuerst ganz durchlesen, bevor du mit dieser Übung anfängst. Diese Übung kann starke Auswirkungen haben.

- Zieh dich in deine stille Meditationsecke zurück oder mache diese Übung vor dem Einschlafen. Hand- und Beinhaltung haben auf diese Übung keinen Einfluss.

- Wie immer — Herzmitte

- Stell dir vor, vor dir ist wieder dein Feuer.

- Du öffnest in Gedanken bei deinem Unterbauch, zwischen Bauchnabel und Schambein, ein feinstoffliches Türchen. Du hast einen eisernen Scheuerhaken oder sonst ein feuerfestes Gerät, mit dem du nun aus dem Unterbauchraum Wut, Dinge, die glühen oder brennen, altes Verbranntes oder Verkohltes herausholst und in dein Feuer vor dir wirfst.

  Schliesse deine Bauchklappe wieder gut zu.

- Nun öffnest du beim Solarplexus, bei deinem Magen, eine feinstoffliche Türe und holst all die Gefühle, die mit deiner unbewussten, unterdrückten, oder deiner bewussten Wut zu tun haben, heraus. Ob du dazu auch den Scheuerhake, eine Schaufel oder eine Zange verwendest ist dir selber überlassen. **Wichtig!** Hole die Gefühlsformen nicht mit deinen blossen feinstofflichen Händen heraus, es könnte eine zähflüssige Masse in deinem Solarplexus sein, die du kaum mehr von den Händen weg bekommst. Wirf die herausgeholten Gefühlsformen ins Feuer.

- Schliesse deine Solarplexus-, deine Gefühlstüre gut zu.

- Nun öffnest du mit deiner feinstofflichen Hand deine Schädeldecke, holst die Gedanken, die zu diesen Gefühlen der Wut geführt haben, heraus, wirfst sie ins Feuer und verbrennst sie. Nun füllst du deinen Kopf mit Licht und Liebe, mit Lebensfreude und einem Ja zum Leben.

- Schliesse deine Schädeldecke.

- Hole tief Atem und du bist wieder in der Gegenwart.

Diese Übung klingt so einfach und harmlos, ist sie aber leider nicht. Je mehr du Glut, Feuer, Kohle oder Asche aus deinem Unterbauch heraus holst, desto mehr werden sich Nachwirkungen zeigen.

Wut ist etwas Heisses und die Reaktionen sind auch (fast immer) heiss. Fieber, Entzündungen, entzündliche Hautausschläge, sich an einem heissen Gegenstand brennen, sich mit kochender Flüssigkeit verbrennen, etc. können die Folgen von dieser Übung sein.

Fange bitte mit kleinen Mengen an. Besser öfters wenig als einmal zuviel. Sei mutig und probiere diese Übung aus, sei aber nicht leichtsinnig und übermütig und ignoriere nicht alle Warnungen.

Eine kleine Übung mit enorm starker Wirkung und Auswirkung.

Auftretende Symptome dauern normalerweise einen, vielleicht auch zwei bis drei Tage. Halten die Auswirkungen länger an, kannst du sagen: Gott sei Dank! So viel Gestautes, so viel Nichtgebrauchtes, so viel Schmutz und Dreck bin ich losgeworden. Normalerweise ist nach fünf Tagen der Spuk vorbei.

Stoppe die Auswirkungen, wenn möglich, nicht mit Medikamenten oder sonstigen Hilfsmitteln ab. Der Abfall muss sich nach aussen schaffen und es wäre schade, wenn du dir schon so viel Mühe gegeben hast, den ganzen Schmutz und Schrott wieder in dir zu verstecken.

Märtyrer müssen wir aber auch nicht sein. Wenn es zu happig wird, wenn die Symptome und/oder die Schmerzen zu stark werden... sei lieb zu dir. Womit du dir dann hilfst, ist deinem Gutdünken überlassen.

Rothoring

Rothoring ist eine einfache Technik um alte Verhaltensmuster, Gedankenmuster und unangenehme Seinszustände innert kürzester Zeit aufzulösen. Vielleicht hast du die Übungen von Seite 116/117 *Eine Übung, um die Ursache zu entfernen* und Seite 207 *Eine Übung für ganz Mutige* schon ausprobiert, dann hast du die ersten kleinen Schrittchen in Rothoring schon gewagt. So einfach und genau so wirkungsvoll ist die ganze Rothoring-Technik.

Leider ist es mit der Rothoring-Technik genau so wie mit vielen anderen, wirklich guten Techniken. In einem Buch weitergegeben, können sie falsch verstanden und falsch angewandt werden. Kein Lehrer ist dann da, der uns zurechtweist, uns korrigiert und uns unsere Fehler zeigt. Obwohl die Rothoring-Technik so einfach ist, ist sie sehr tiefgreifend und sehr wirkungsvoll.

Die Veranda-Meditation und das Verbrennen von negativen Gedanken ist ein kleiner Teil von Rothoring. Hier in Basel führe ich immer wieder Kurse für Rothoring durch. Es ist mir jedoch klar, dass nicht nur Menschen aus Basel und Umgebung von dieser Möglichkeit profitieren möchten. Wenn mein Tyrann, mein Terminplan, es erlaubt, bin ich jederzeit bereit für Gruppen ab ca. 20 Leuten Seminare zu geben.

Mit Rothoring kann man alte Eindrücke, die Menschen (Eltern, Lehrer, etc.) bei uns hinterlassen haben, wieder „ausbügeln“, oder tiefgreifende Erlebnisse und Erfahrungen aus der Kindheit, auch ohne sich genau daran zu erinnern, können mit dieser Technik aufgelöst werden.

Beeinflussungen aus anderen Leben, Schuld- und Vergeltungsgefühle aus anderen Inkarnationen, Hass und Rachegefühle, Abhängigkeit und noch vieles mehr können mit Rothoring abgeschwächt und, wenn es im Lebensplan vorgesehen ist, auch ganz aufgelöst werden.

Körperliche Leiden können mit Mentalmedizin, auch ein Teil von Rothoring, oft gelindert werden. Voraussetzung ist jedoch, dass du bereit bist, an dir und mit dir zu arbeiten. Bei Rothoring gibt es keinen Therapeuten, der irgend etwas tut. Es liegt ganz an dir, wieviel und was du bearbeiten möchtest.

Bitte besuche mich nicht unangemeldet, mein Terminplan ist leider ziemlich voll, so dass ich für spontane Gespräche selten Zeit habe.

Meine Kontakt Adresse:
Rosmarie Klaka - Lampert
St. Johanns - Vorstadt 70 Postfach
CH - 4004 Basel Schweiz
Fax +41(0)61/322 42 02

Inhaltsverzeichnis

Erster Teil: Die MITTE

Zweiter Teil: Die Begegnung

Dritter Teil: Die andere Ebene

Bilderverzeichnis

Literaturverzeichnis

Lesenswerte Bücher die mich auf meinem Weg begleitet haben.
Diese Bücher werden jedoch nicht alle in diesem Buch erwähnt und hängen auch nicht direkt mit dem soeben gelesenen Thema zusammen:

Bartholomew's Lachende Weisheit
ch. falk verlag ISBN 3-924161-29-1

Brückner, Gernot, Gespräche mit dem Unbekannten
itv Verlag ISBN 3-88518-000-6

Das Neue Testament, Interlinearübersetzung Griechisch-Deutsch
hänssler Verlag ISBN 3-7751-0998-6

Ferguson, V. S., Inannas Rückkehr
Neue Erde Verlag ISBN 3-89060-315-7
Ferguson, V. S. Inanna Über-Licht
Neue Erde Verlag ISBN 3-89060-317-3

Fernsehen
Rozekruis Pers ISBN 90-6732-103-6

Franchezzo, Wanderer im Land der Geister
Turm Verlag ISBN 3-7999-0050-0

Ende, Michael: Unendliche Geschichte
K. Thienemanns Verlag, ISBN 3-522-12800-1

Gespert, Hildegard, Prüfet die Geister
Hildegard Wolpert, Breyeller Str. 61, D-41751 Viersen

Goetz Curt, Sämtliche Bühnenwerke
Wilhelm Heyne Verlag ISBN 3453-00773-5
Goetz,Curt, Die Memoiren
Leider vergriffen!

Hesse, Hermann, Siddhartha
Suhrkamp ISBN 3-518-36682-3
Hesse, Hermann, Die Morgenlandfahrt
Suhrkamp ISBN 3-518-37250-5

Lees, Robert James, Reise in die Unsterblichkeit Bd. 1
Drei Eiche Verlag ISBN 3-7699-0458-3
Lees, Robert James, Reise in die Unsterblichkeit Bd. 2
Drei Eiche Verlag ISBN 3-7699-0462-1

L'Engle, Madeleine, Die Zeitfalte
dtv junior ISBN 3-423-70127-7
L'Engle, Madeleine, Durch Zeit und Raum
dtv junior ISBN 3-423-70179-X

Marciniak, Barbara, Boten des neuen Morgens
Bauer Verlag ISBN 3-7626-0487-8
Marciniak, Barbara, Plejadische Schlüssel
Bauer Verlag ISBN 3-7626-0515-7

Markides,Kyriakos C., Magus von Srovolos
Droemer Knauer Verlag ISBN 3-426-04174-X
Markides,Kyriakos C., Heimat im Licht
Droemer Knauer Verlag ISBN 3-426-04191-X

Nelson, Ruby, Das Tor zur Unendlichkeit
Aquamarin Verlag ISBN 3-922936-48-2

Ritchie, G. & Sherrill, E., Rückkehr von Morgen
Larmann Verlag ISBN 3-88224-837-8

Virtue-Carmel, Phyllis, Planet der Wandlung
Silberschnur ISBN 3-923 781-92-X

VIDEOS

„Ghost / Nachricht von Sam" (Spielfilm)
Best.Nr. 400159, CIC Video

Moody, Raymond A.:" Leben nach dem Leben" (Dokumentation)
Best.Nr. 19148, Euro Video

„Mary Poppins" (Walt Disney Meisterwerke) (Spielfilm)
Best.Nr. 00023, Buena Vista Vertrieb

„Und täglich grüsst das Murmeltier / Groundhog Day" (Spielfilm)
Best.Nr. 6052, United Video

Walt Disney

Auf keinen Fall dürfen wir die Micky Maus Hefte vergessen. In ulkigen Geschichten wird eine Fülle von wirklich gutem, esoterischem Wissen weitergegeben.

Wie in allen anderen Büchern von mir empfehle ich auch hier: annehmen, was du brauchen kannst und sofort wegwerfen und entsorgen, was für dich nicht annehmbar oder nicht brauchbar ist.

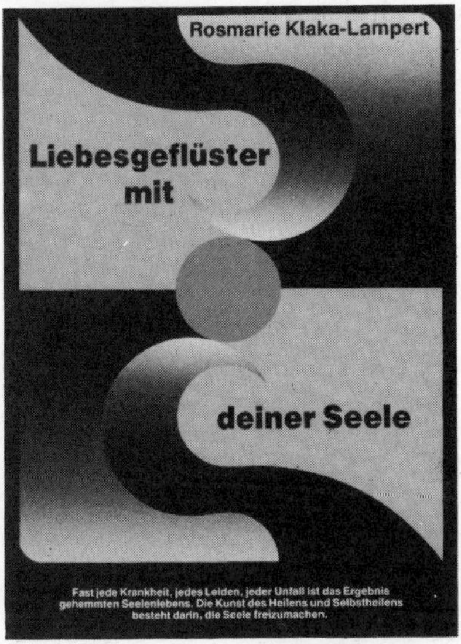

Fast jede Krankheit, jedes Leiden, jeder Unfall ist das Ergebnis gehemmten Seelenlebens. Die Kunst des Heilens und Selbstheilens besteht darin, die Seele freizumachen.

Liebesgeflüster mit deiner Seele

. . . ist ein Buch, das den Leser auffordert, den intuitiven Teil seines Selbst zu entdecken und mit dem «Heiler in uns» Kontakt aufzunehmen. Es zeigt anhand von verschiedenen Krankheitsbildern auf, dass Krankheit ursächlich ein Signal der Seele ist. Es fordert uns auf, einen kurzen Moment auf unserem Wege innezuhalten, uns umzusehen und die «Steine» auf unserem Weg wegzuräumen.

Dem Leser wird angeboten, seine Krankheit von einem neuen Standpunkt aus zu betrachten und die Linderung seiner Leiden von innen her zu holen.

«Liebesgeflüster mit deiner Seele» ist ein Buch der Praxis, das zur Aktivität und zum «Sich selber sein» aufruft. Es preist keine «Patentrezepte» und Wunderheilungen an, es ruft den «Wunderheiler» in uns wach.

Rosmarie Klaka-Lampert ist 1943 in der Schweiz geboren. Sie erforscht und arbeitet seit mehreren Jahren mit Grenzgebieten der Wissenschaft. Metaphysik, Parapsychologie und Spirit Healing sind ihre bevorzugten Gebiete.

Einfühlungsvermögen und Verständnis haben ihr Tür und Tor zu manchen Herzen geöffnet und ihr Einblick in die innersten Geheimnisse der Menschen erlaubt.

ISBN 3-905050-05-6

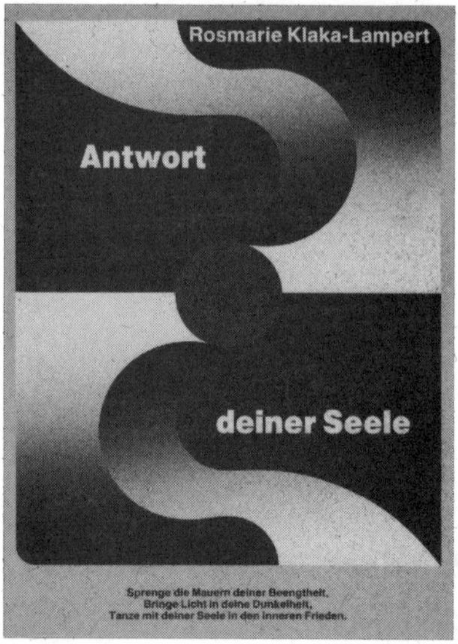

Sprenge die Mauern deiner
Beengtheit,
Bringe Licht in deine
Dunkelheit,
Tanze mit deiner Seele
in den inneren Frieden.

Antwort deiner Seele

... das Arbeitsbuch zu dem Buch «Liebesgeflüster mit deiner Seele». Ein zweites Buch, das nicht nur «Anhänger» ist, sondern auch als Einzelbuch dir den Weg zu deinem «Selbst» zeigt. Ein Hilfsmittel, um deine «Fassade» abzubauen und deinem wahren SELBST in voller Grösse und Schönheit zum Durchbruch zu verhelfen.

Chakra, Aura, Astralkörper ...
Karma, Prana, Medialität ...
Unter-, Tag- und Überbewusstsein ...
Polarität, Reinkarnation, Ego ...

Alles fremde Worte?

Was bedeuten sie für uns?
Wie sind sie zu verstehen und, was noch viel wichtiger ist, wie können wir lernen, damit umzugehen; lernen, sie in unserem Alltag, in unserem «Sein» nützlich und «gewinnbringend» einzusetzen und zu gebrauchen.

Antwort deiner Seele ist ein Buch der Praxis, das zur Aktivität und zum «Sich-selber-Sein» aufruft. Es preist keine «Patentrezepte» und Wunderheilungen an, es ruft den «Wunderheiler» in uns wach.

ISBN 3-905050-04-8

Rosmarie Klaka-Lampert

Eine Kinderseele ruft um Hilfe

... ist ein Buch, das dir hilft die Alltagssorgen deines Kindes und seine Probleme besser zu verstehen. Es hilft dir zu erfühlen, was die kindliche Seele dir sagen möchte.

– Indem du die Sprache der Seele verstehen lernst, kannst du viel Leiden und viel Leid von deinem Kinde fernhalten.

– Es zeigt dir auch, wie gross deine «Mitbeteiligung» bei Krankheit, Unfall oder Leiden ist und wie du am besten diese Einflüsse stoppen und auflösen kannst.

– Es zeigt dir auch, wie stark der Einfluss deiner Gedanken, deiner Gefühle und deines Tuns auf das Wohlbefinden deines Kindes einwirkt.

– Und vor allem zeigt es dir auch, warum dein Kind ausgerechnet zu dir gekommen ist und sich nicht «liebere», «bessere», «wohlhabendere» Eltern ausgesucht hat.

Auch dieses Buch ist fadengeheftet und hat auch nach vielem Lesen und Durcharbeiten noch alle Seiten drin.

ISBN 3-905050-03-X

Ein Buch für Mutige!

Schwarz und Weiss sind keine Farben

Einfach und klar wird in diesem Buch aufgezeigt:

- Das Wassermannzeitalter, die neue Zeit, was für Auswirkungen und Konsequenzen sie für uns bringt.
- Wie die sieben Strahlen und der Regenbogen auf uns wirken.
- Unsere früheren Inkarnationspersönlichkeiten und wie sie uns heute beeinflussen.
- Gedanken und Träume, die unbekannte Macht und Gefahr.
- Karma, Ursache und Wirkung, einmal aus ganz anderer Sicht betrachtet.

ISBN 3-905050-06-4

Klang der Wahrheit

Ein Buch für Helfer, Heiler, Therapeuten und alle diejenigen, denen ihre Mitmenschen und ihre Umwelt am Herzen liegen.

Durch das bewusste Einfühlen in Farben und Edelsteine erfahren wir nicht nur deren Schwingung und Heilkraft, sondern erkennen auch unser eigenes Selbst, unser Potential und unsere Grenzen.

Unsere Seele hat aus irgendeinem Grund den Weg durch die Materie, durch die Dualität, durch die Polarität gewählt, und nun gehen wir den Weg der Gegensätze mit all seinen Konsequenzen.

ISBN 3-905050-07-2